La première pierre

Je remercie du plus profond de mon cœur mes parents d'avoir cru en moi et de m'avoir toujours soutenu dans mes choix, bien qu'ils aient été un peu farfelus parfois, et sans qui rien de tout ça n'aurait été possible. Ainsi que toutes les personnes qui m'ont marquées par leurs mots et leurs présences et ont rendu ce voyage si beau, mais aussi toutes les personnes rencontrées durant mes voyages et celles qui ont toujours été là et qui m'ont accompagné sur ce chemin et qui me font grandir chaque jour un peu plus. À travers ce texte et ces mots choisis avec minutie je me suis attachée à décrire au mieux un moment de vie qui ne s'explique pourtant pas avec des mots. J'ai donc tenté de traduire à travers le langage tout ce qui m'avait traversé au cours de cette expérience puissante.

La première pierre

Première partie

*Le véritable voyage, ce n'est pas de parcourir le désert
ou de franchir de grandes distances sous-marines,
c'est de parvenir en un point exceptionnel
où la saveur de l'instant baigne
tous les contours de la vie intérieure.*[1]

Marseille, mars 2022,
J'ai commencé à écrire ce texte en 2016. Aujourd'hui, en 2022, après les nombreux épisodes de confinements, les incalculables conflits, les guerres de pouvoirs, l'état critique du climat et les prises de consciences qui se jouent à l'échelle mondiale, j'ai enfin le courage de partager cette expérience intime et puissante qui a bouleversée ma vie. Je m'y autorise enfin parce que je sens qu'elle sera comprise et accueillie avec bienveillance et que je ne me sentirais pas jugée. Par nécessité de transmettre une expérience humaine riche et inspirante et par un souci d'honnêteté et d'authenticité envers moi-même et envers les autres, j'accepte aujourd'hui de me mettre à nue, de me montrer vulnérable, en espérant en toute humilité, que cela puisse inspirer d'autres personnes à partir à la recherche d'eux-mêmes et à se montrer tels qu'ils sont vraiment. Mon chemin vers le développement personnel et le recul m'auront également permis de trouver les mots pour analyser cette étape importante de transition vers une meilleure compréhension de la vie et de tout ce qu'elle a à nous offrir.

Chapitre 1

Paris, mars 2020,
Il m'aura fallu repartir, arpenter la Jordanie et l'Iran puis reprendre mes études en anthropologie pour me sentir enfin légitime à rouvrir le carnet de mon premier voyage et accepter de dévoiler ma naïveté passée. J'avais 24 ans en 2016. Mais peu importe le temps que ça prend, du moment que ça bouge, que la machine avance. De toute façon, les astres disent que mon âge d'Or se situe quelque part entre mes 35 et mes 40 ans. Alors je prends le temps qu'il faut et j'accepte la lenteur qui me constitue. Je retrace le chemin. Quatre années seulement et pourtant un long chemin nous sépare elle et moi.

Paris, avril 2016,
J'ai patiné le pavé de cette ville toute ma vie durant, sans savoir en apprécier le goût, sans m'apercevoir que les années avaient fuient devant moi. Lassée de ses balades statiques sans buts, de ses conversations redondantes, de ses regards gris et embrumés, de cette peur quotidienne imposée par cet état d'urgence. Paris. Il était grand temps de lâcher les amarres et de poursuivre mon rêve le plus cher.

---

[1] Antoine de Saint-Exupéry, Le petit prince, 1943

La première pierre

Je la regarderai une dernière fois à travers le hublot, sans regrets de la quitter. Le voyage comme ultime espoir de renaitre à moi.

Voyager seule en tant que femme c'est une prise de risques plus grande que pour un homme. Un homme qui voyage seul est respecté, on l'imagine aisément arpentant des contrées lointaines, vivre une aventure palpitante, enrichissante, se laisser porter sans grand risques, s'autoriser à dormir chez des inconnus, être confiant. Une femme elle, doit prendre ses précautions, bien choisir ses vêtements, prévoir des protections hygiéniques et toutes autres formes de protections d'ailleurs, se préparer à toute éventualité, rester méfiante. Je trouve ça injuste. Je suis en colère quand on me parle de courage sans cesse, qu'on me rappelle ma condition de femme en me demandant si je n'ai pas « peur », si les hommes ne sont pas « dangereux » là où je vais. Quant à l'inverse on félicitera un homme de partir seul, qu'on trouvera ça normal, voir banal et que son intégrité restera intact.

Mais je ne le ressens pas comme une preuve de courage à ce moment-là, comme on a pu me le dire, je le vois plutôt comme une forme d'égoïsme. Homme ou femme, on le fait pour soi, dans une volonté de s'affronter, de se faire face. Je veux me rencontrer. L'inconnu, celui dont on ignore l'identité et l'inconnu, celui dont on n'a jamais fait l'expérience, seront mes alliés dans cette recherche de vérité, d'authenticité que je ne sais nommer. Cette volonté je la ressens comme une force invisible, puissante, qui enveloppe tout mon être et me tracte, me fait avancer sans que j'en n'ai vraiment conscience, pas à pas, vers ce but ultime, rencontrer les akhas, en étant ce moi délesté de tous mes boucliers que je porte à bout de bras. Je veux retrouver l'enfant en moi, sa naïveté et sa faculté d'émerveillement. Je veux retrouver la légèreté. Je veux retrouver ma vérité. Soif d'ailleurs, faim de nouvelles couleurs, besoin de respirer d'autres formes, de toucher d'autres odeurs. Partir, c'est fuir aussi. On dit que c'est *partir pour mieux revenir*. Je le comprendrai plus tard. Partir c'est aussi marquer les autres par son absence.

Je devais laisser derrière moi ce quotidien qui m'oppressait, cette insécurité permanente dont je me sentais esclave. À Paris je ne sais pas être qui je suis. Je ne sais même pas qui je veux être en vérité. Doit-on le savoir ? Si je ne partais pas j'allais finir par devenir quelqu'un d'autre que moi-même, par prendre un autre chemin que celui que je devais prendre. J'étais désaxée, arrachée à moi-même. Quelque chose m'appelait là-bas, dans ce lointain pays, sans comprendre pourquoi. J'avais besoin de perdre mes habitudes. Le changement me faisait trop souffrir, sortir de ma zone de confort me terrorisait, je ne me sentais à la hauteur de rien, il fallait que ça cesse. Je devais apprendre à accepter les bouleversements et pour ça je devais partir, fuir cette routine et mon mutisme. Je voulais ressentir à nouveau les sensations dans mon corps. J'étais vide sans savoir comment me remplir. Je m'ennuyais terriblement et pourtant tout semblait être là. Le confort c'était pour moi le début de l'ennuie. L'ennuie c'était le début de la mort. Je ne voulais pas mourir.

À une semaine de mon départ vers cet inconnu qui m'obsédait tant sans que je comprenne vraiment pourquoi, une douleur m'est apparue dans la poitrine et s'est nichée dans mon plexus solaire pour le broyer. Je comptais les heures qui

La première pierre

passaient. 168 heures, J-7. J'allais partir toute seule, moi qui adorais m'en remettre aux autres et me laisser porter. Il y a eu l'excitation, je me sentais l'âme d'une amazone prête à tout combattre, puis la peur, elle s'est propagée, s'est mise à occuper tout l'espace de mon corps jusqu'à me paralyser. Et enfin l'adrénaline est venue me sauver et m'a remise d'aplomb, j'ai repris du poil de la bête, je sentais l'énergie circuler à nouveau jusqu'à retrouver un souffle convenable. Là c'est mon rythme cardiaque qui s'est accéléré. C'était la joie, qui tout à coup me donnait la sensation de décoller du sol, de ne plus appartenir à cette réalité pesante. J'étais submergée par une avalanche d'émotions entremêlées, de peur, d'excitation et d'émotions ineffables. Ce voyage allait-il vraiment changer quelque chose ? Je ne savais même pas ce que je cherchais. *L'intuition, s'écouter.* Ça tournait en boucle. Je n'arrivais plus à rationaliser. Qu'est-ce que ça signifiait ? Je pensais en boucle à ce que certaines personnes m'avaient dit quand j'avais annoncé que je quittais tout pour mieux revenir. *Tu dois grandir. Tu n'as pas besoin d'aller à l'autre bout du monde pour t'émanciper, trouves toi un boulot et prends un appartement comme tout le monde, c'est ça la liberté.* Pour moi ça voulait dire *Suis le troupeau, fais semblant d'être heureuse dans ce quotidien qui ne t'appartient pas et surtout persuades-toi fort, tu finiras par y croire.*

Paris, le Jour J,
Le grand jour était enfin arrivé. Décampement. Évasion. Exode. Échappatoire. Fugue. Un nuage d'idées et de mots qui se bousculent. Quel titre donner à ce grand jour ? Laisser Paris derrière moi, Paris et tout ce que cette ville représente pour moi. Ma famille, mes amis, mes amours, mes réussites, mes responsabilités, mes peurs, mon passé, mon futur embrumé, mes échecs, mes déceptions, mes emmerdes et tout ce que je voulais fuir. - À l'inverse de Mona Chollet [2] que j'ai découvert en 2020 pendant le confinement et qui explique très justement ce plaisir du retour à la maison après les vacances quand elle était gamine, moi j'ai toujours eu la phobie du retour. L'angoisse de retrouver la grisaille parisienne, les murs gris et les visages mornes. J'ai toujours rêvé qu'on m'oublie en vacances, pour rester dans cet ailleurs, n'importe lequel mais ne plus jamais revenir dans cette vie qui ne m'appartient pas. - Je repense à cette réplique qui m'avait marqué dans Un thé au Sahara de Bertolucci : *On n'est pas des touristes, on est des voyageurs. Le touriste ne pense qu'à rentrer chez lui. Alors que le voyageur ne reviendra peut-être jamais.* Deux manières d'expérimenter le départ vers le lointain. Le tourisme est une sorte de douce envolée éphémère, confortable, dont le plaisir est au centre de chaque décision. Le voyage lui est plutôt de l'ordre de la quête d'initiation, la recherche d'une immersion qui dépayse, qui nous ferait presque oublier qui l'on est. C'est la nécessité de vivre une expérience qui peut parfois être douloureuse, où le désir de se confronter à l'adversité prend le dessus sur tout type de rationalité. On voudrait que ça nous laisse des traces, que ça nous marque, on voudrait être brusqué, arraché à nos petites vies bien ordonnées et confortables. Moi je choisi l'option qui fait mal. Et je veux la vivre seule. Je comprendrais plus tard que l'on n'est jamais seul, surtout quand on est avec soi. Chacun-e essaie de trouver sa place et un sens à sa vie. Je dois me rencontrer et pour ça je n'ai pas d'autre

---

[2] Mona Chollet, *Chez soi. Une odyssée de l'espace domestique*, Paris, Zones, 2015

issue que de partir. Seule.

La première pierre

Chapitre 2

*Longtemps, on rampe sur cette terre comme une chenille,
dans l'attente du papillon splendide et diaphane que l'on porte en soi.*[3]

Sanjolon Kao, est un village akha caché dans les montagnes du nord de la Thaïlande, niché à quelques kilomètres de la frontière birmane. Les akhas n'ont pas d'histoire écrite, tout leur savoir est conservé à travers des vers de poésie qui se transmettent oralement par les «Pimas», les chefs spirituels. Ces vers retracent l'histoire d'un voyage, une longue migration à partir de leur patrie ancestrale. Il y a bien longtemps, l'esprit qui créa les nuages avait doté les akhas d'un alphabet inscrit sur une peau de buffle. Quand la famine les menaça ils durent manger cette peau de buffle pour survivre et ils firent disparaître leur alphabet. Mais une fois digérées les lettres se transmuèrent en une excellente mémoire verbale. La plupart des habitants sont des enfants et petits enfants d'immigrés. La famille de John a fui la Birmanie et ils n'ont pas la nationalité thaïlandaise ni aucun droit juridique sur les terres qu'ils occupent. Ils demeurent à l'écart, sur les hauteurs des montagnes où ils trouvent une satisfaction dans l'isolement qui leur permet de préserver ce qui leur reste de leur identité akha.

Thaïlande, 16 Mai 2016,
Après deux vols et trois bus, presque vingt-quatre heures plus tard j'arrive enfin à Mae Suai. Je suis la seule à descendre du bus. Un gars très mince est posté contre son scooter, il attend en fumant une cigarette, une bière à la main. Je jette un œil autour de moi. Il n'y a que lui. En cinq secondes je l'ai passé au radar à vicieux. *Attends mais qu'est-ce que je fais là déjà ?* Il s'avance vers moi et me salue puis il porte mon backpack jusqu'à son petit 50 cm cube. Il le cale à l'avant entre ses jambes et je m'assieds derrière lui. Je m'installe bien haut et je m'accroche à l'arrière dans une posture peu confortable pour éviter le contact. *How long it takes ? 20 minutes.* Sur la route je me rends compte que les vitesses ne s'affichent pas sur le cadran, on ne porte pas de casque et je remarque que personne n'en porte. Ils montent à cinq, les parents et les trois enfants entassés les uns sur les autres. On sort de la ville de Mae Suai, en passant devant un marché couvert puis on suit un grand virage et on commence une ascension, à travers champs, puis au-dessus des collines face aux montagnes. On est de plus en plus haut, on surplombe la vallée à présent et la ville de Mae Suai me semble tout à coup si petite au milieu de cette étendue couleur terre. On s'en éloigne de plus en plus. C'est beau. J'ai peur. Je voudrais arrêter de penser, j'essaie de me concentrer sur le vent qui fouette mon visage, sur le soleil qui me réchauffe le dos et sur cette vue. Apocalypse Now, Francis Ford Coppola. Nature luxuriante, juste avant de s'enflammer dans des brasiers orange puis disparaitre dans un épais nuage noir. Pensée magique et utopique qui se transforme en vision apocalyptique. J'ai du mal à profiter pleinement du moment, tiraillée entre la puissance de cet instant hors du temps et la peur. *Où m'emmène-t-il ?* Après de longues minutes à observer la ville s'éloigner jusqu'à devenir insignifiante nous

---

[3] Jonathan Littell, *Les Bienveillantes*, 2006

La première pierre

slalomons entre les montagnes puis nous quittons la route goudronnée pour une route comme oubliée au milieu de la forêt, comme pour entrer dans un monde secret. La terre est rouge et contraste avec la verdure environnante et enrobante. Après une dizaine de minute nous arrivons sur une petite place goudronnée. C'est Sanjolon Kao, un village isolé. La dernière ligne droite est très abrupte et vallonnée, John manie le scooter comme un cavalier qui fait bondir son cheval avec agilité au-dessus des obstacles. Ralentissement un peu plus fort, dernière accélération et nous basculons comme si le cheval s'était levé sur ses pattes arrière. Nous passons sous une grande porte en bois encadrée d'arbres et d'hibiscus rouges avec le nom de la guesthouse inscrit en grand à la peinture. Nous entrons dans la cour de la maison, le cheval retombe sur ses pattes avant. *J'ai réussi, je l'ai fait, j'y suis.*

Je jette un rapide coup d'œil aux environs et j'aperçois les femmes de la famille, Mana la mère de mon guide John et Lia sa femme. On s'observe scrupuleusement tout en montrant une certaine impassibilité. Je me rends compte que je suis peut-être aussi mystérieuse pour elles qu'elles le sont pour moi. Être accueillie dans un lieu si secret et intime me fait me sentir maladroite et gênée, presque au point de vouloir disparaitre. Je me demande si je vais être à la hauteur de cette expérience humaine. Est-ce que je vais parvenir à les comprendre ? Est-ce que je ne vais pas faire ou dire des choses déplacées, mal interprétées, interdites dans leurs traditions et croyances ?

Les deux petites filles Agna quatre ans et Mido deux ans, se jettent sur moi et m'apprivoisent immédiatement. Lia la femme de John, maintient sur son dos leur petit dernier, Abou. Il n'a que quatre mois. Elle le maintien avec un pagne qu'elle porte en bandoulière et elle le berce par un mouvement répétitif, deux pas en avant un pas en arrière et elle chantonne, « anh hmm anh hmm anh ». Il pleure beaucoup. John me montre ma chambre. C'est la plus haute du village, là où le village se termine et où la forêt commence. C'est une cabane en bois sur pilotis à environ un mètre cinquante au-dessus du sol, avec un toit en chaume. Derrière les arbres on devine les montagnes voisines. La cabane doit faire deux mètres sur trois. Elle se compose du strict minimum, il y a une petite étagère dans un coin, une ampoule suspendue au centre de la pièce et une moustiquaire, un futon et de grosses couvertures. J'y laisse mon backpack et je suis John dans la cour où on rejoint les femmes et les enfants.

Un peu plus tard, on se réuni pour prendre le diner dans une autre cabane sur pilotis, dans la cour. Elle est divisée en deux parties, la partie couverte est le lieu où l'on cuisine sur le feu, la partie ouverte sur la cour sert de salle à manger. Son ergonomie, surélevée à environ un mètre cinquante permet une meilleure hygiène. La nourriture glisse entre les lattes du plancher et atterrit tout droit dans la gueule des chiens ou dans le bec des poules. John décroche du mur une petite table tressée qu'il installe sur la natte au centre de la salle à manger avec vue sur la cour et la végétation luxuriante. Mana apporte les plats, plante inconnue, riz gluant, porc laminé, tomates cuites, concombre, petites gousses d'ail, nouilles et criquets. On s'assied en cercle autour de la petite table. Lia m'apporte une assiette et des baguettes et on m'invite à me servir dans un plat sans piment. Je les observe pour comprendre ce qu'il y a à comprendre, décidée à bien faire. Je goute au plat pimenté par curiosité et j'approuve leur initiative, c'est insoutenable. John me coupe une tranche de concombre pour apaiser mes papilles tout en se moquant de moi et me tend le bol de criquets, un sourire en

La première pierre

coin. J'avais aidé Mana la mère de John à les décortiquer avant le diner, c'est à dire à leur enlever les ailes, sans savoir pourquoi. Maintenant qu'ils sont dans mon assiette je fais le rapprochement. John a le bras tendu vers moi, il m'agite ce bol de criquets sous le nez, il me défit. Je les regarde me regarder fixement dans l'attente. Sortir de sa zone de confort, c'est ça que je suis venue chercher. J'attrape un criquet et le croque. Toute la famille me regarde. Pourvu que ça passe. Après quelques secondes je déglutis et … Je me ressers. John se met à rire et je vois une certaine satisfaction dans les yeux de Mana. Je découvre cette impression étrange d'être à sa place. Pourtant sans aucun repère. Pourquoi ici ? Je pense à La folle ingénue de Lubitsch, au merveilleux dialogue de Cluny Cream et de Monsieur Belinsky. *Où est votre place ? Si vous voulez donner des écureuils aux noix qui suis-je pour dire « Noix aux écureuils »? C'est une simple question d'adaptation à l'environnement, là où vous êtes heureuse.* Malgré la barrière de la langue et des coutumes, malgré le fait qu'on n'ait pas les mêmes repères ni les mêmes croyances, on partage ce repas ensemble, chez eux, ici et maintenant et c'est presque irréel tant la magie de l'instant est au rendez-vous. Tout se passe dans le corps, c'est comme recevoir une énergie nouvelle, revigorante, comme mourir en laissant derrière soi tout ce qui nous encombre, ce qui n'est pas nécessaire à notre développement et renaitre plus pure, se réincarner au bon endroit, au bon moment. Note à moi-même : *se rappeler de jeter plus d'écureuils aux noix.*
Après le diner, les femmes et les enfants vont se coucher là-haut dans la maison principale qui est perchée sur des pylônes en béton à environ quatre mètres au-dessus du sol. Je m'assieds avec John autour d'une table ronde qui se trouve sous la maison, sous un néon sur lequel de gros insectes se brûlent les ailes, attirés par cette unique lueur qui brille dans la nuit noire. On fume des cigarettes, on boit de la bière. John est le seul avec qui je peux discuter ici, on parle tous les deux un anglais très très approximatif mais il nous suffit pour faire connaissance. On finit de discuter. Les nuits sont orageuses à cette période de l'année. Il me dit que si j'ai besoin de quoi que ce soit pendant la nuit je n'aurais qu'à crier son nom. Je prends le petit chemin pour rejoindre ma cabane un peu plus haut encore, l'ultime maison du village. Je me brosse les dents dans l'obscurité de la forêt et je contemple la voie lactée qui s'étend au-dessus de ma tête. Quel magnifique spectacle.

Étendue sur mon futon, je rembobine ma journée. Je me demande si tout ça est bien réel ou si je suis encore en train d'en rêver. J'essaie de m'enraciner dans le moment présent et j'essaie de me rattacher à ce qui m'entoure. J'écoute les criquets au dehors, les feuilles craquer sous la cabane. Je crois que oui, je suis bel et bien partie, bien loin de chez moi. J'implore le ciel qu'il ne pleuve pas cette nuit. J'ai trop peur de me sentir minuscule et sans défense face à cette nature omniprésente ici. L'orage se fait entendre au loin, le voilà. Je me réfugie sous la couverture. Il s'approche de plus en plus près, jusqu'à s'abattre sur ma cabane. Oh non. Il pleut à torrent maintenant. Je n'entends plus que ça, les gouttes de pluie qui claquent violemment sur le toit en chaume qui me sépare de la forêt. J'ai l'impression que la cabane va s'écrouler sous le poids des gouttes, que plus rien ne me protège de ma décision. Je suis tétanisée pendant de longues minutes et je me demande où est passé ce satané courage. Je sors ma tête de sous la couverture et je m'aperçois que la cabane est toujours sur pieds,

La première pierre

quelques gouttes de pluie passent au travers du toit çà et là mais dans l'ensemble je suis impressionnée, rassurée même par l'étanchéité de cette fabrication artisanale. Je laisse la lumière allumée et je mets de la musique pour ne plus entendre tout ce bruit. Je suis sous ma moustiquaire, confinée, puis je me sens ridicule. Ridicule d'avoir trouvé la force d'arriver jusqu'ici et de ne pas avoir le courage de vivre ça, d'affronter cette peur irrationnelle et enfantine. C'est pourtant bien ça que je suis venue chercher non ? Affronter mes peurs. J'éteins la lumière, j'éteins la musique. Je me force à écouter, à embrasser l'environnement sonore. Je ferme les yeux. J'observe. J'accueille mes peurs. Et je m'endors sans m'en apercevoir.

Chapitre 3

Quelque chose s'est passé en moi cette nuit. Il doit être six heures et demie, le chant des coqs et la chaleur me sortent de mon sommeil agité, je sens le jour se lever à travers les ramures des bambous. C'était inévitable, depuis que je suis gamine lorsque je m'éloigne de chez moi, je dors mal et mes nuits sont agitées, pleine d'angoisses qui ressurgissent, des cauchemars et je me réveille en sueur. Ça ne m'a jamais empêché de recommencer cependant et je crois même que j'y avais pris goût. Je mets un moment à émerger et à me souvenir d'où je suis. Je sors de sous ma moustiquaire pour en avoir le cœur net, je pousse le petit loquet en bois et la lumière du jour m'éblouie. Waw quel spectacle, c'est splendide. L'émotion m'envahit, je me mets à rire nerveusement. Je me met à rire avec moi-même, je ris de me faire rire de rire. Tous mes sens sont en éveil. Voilà ce que je cherchais en partant. Sentir la vie me traverser, ressentir. Je descends les marches en terre, marquées par des bouteilles de bière retournées. J'analyse ce nouvel environnement de jour et avec un nouveau regard après cette première nuit qui m'éloigne d'hier et de Paris et qui me rapproche davantage de moi-même. Je traverse la cour jusqu'à la salle de bain. Un petit enclos, quatre murs en béton, une porte en bois et un toit en tôle au bord de la route en terre rouge. Un réservoir d'eau dans une citerne en béton et une bassine en plastique. Le choc culturel. Heureuse d'avoir ce privilège de découvrir une autre façon de vivre le quotidien, de pouvoir vivre un bout, aussi minime soit-il de cette expérience brutale et déstabilisante, qui déconstruit toutes mes habitudes de fille bien née. J'avais terriblement besoin de sortir de cette satanée zone de confort. D'être loin de mon petit appartement parisien trop parfait, trop confortable. L'eau est froide, ça me ramène dans le présent, dans cette salle de bain, sur cette montagne, loin.

Je retrouve John pour prendre le café dehors, les enfants dorment encore. J'ai l'impression qu'on va passer beaucoup de temps tous les deux. *Urutama*, bonjour en akha. Ici on parle le akha. Dans un panier en plastique rose, toute sorte de cafés solubles et deux grands thermos d'eau chaude sont à disposition. John me donne un sachet, Nescafé 3en1. C'est plutôt comme un cappuccino en poudre, café, lait, chocolat. La région est pourtant réputée pour ses plantations de café, mais il est trop cher pour les habitants des montagnes. Les chaînes qui en vendent ressemblent assez aux grandes chaînes comme Starbucks ou Costa Coffee et les prix y sont similaires. John y emmène les touristes comme moi, ça lui permet de quitter le village et de vivre comme un citadin, le temps d'un café

La première pierre

à 4 dollars. On reste là en silence assis autour de la table ronde, les pieds sur la terre rouge, cernés par les poules et les oies. Je savoure, profitant de la sensation agréable post douche froide, des dernières gouttes d'eau qui sèchent sur ma peau au contact enveloppant de l'air chaud et humide. J'observe. Je remarque que je suis observée moi aussi. Par John.

Lia sa femme descend le grand escalier de la maison principale à laquelle je n'ai pas accès. Elle fait des allers-retours avec le nourrisson en bandoulière qui pleure encore. John m'invite à les accompagner aux champs lui et sa mère, pour travailler. Le riz est leur principale ressource. Comme le reste des villageois, ils utilisent encore la culture sur brûlis, la technique la plus ancienne du monde et la plus répandue en Asie du sud-est. Il semblerait qu'elle soit efficace pour maintenir la fertilité de la terre. C'est la façon la plus courante de cultiver les montagnes tropicales. Elle consiste pendant la saison sèche à défricher une parcelle et à la brûler pour semer ou planter ensuite. La chaleur stérilise le sol et la cendre rend la terre à nouveau fertile. Les terres nouvellement défrichées sont cultivées entre un et trois ans puis abandonnées à la végétation. Puis elles seront remises en culture après quelques années de jachère. Pour que la terre soit de nouveau riche il faut normalement attendre plusieurs décennies mais la plupart du temps elles sont de nouveau utilisées après seulement dix années. Un des inconvénients de cette méthode est qu'après trois ans de culture sur brûlis les sols sont épuisés et la terre n'est plus cultivable, alors il faut changer de parcelles. L'utilisation de pesticides est aussi très répandue ici, on trouve d'ailleurs des affiches publicitaires un peu partout sur les routes. John et sa famille font pousser du riz mais ce revenu n'est pas suffisant pour subvenir aux besoins de trois adultes et trois enfants. Ils aimeraient commencer à cultiver des légumes à la mousson, alors il faut préparer le terrain.

John est déjà au champ. Je suis Mana à travers la forêt puis on emprunte un petit sentier de terre rouge pour en sortir. Le chemin est de plus en plus escarpé, les montagnes et les champs se dessinent à perte de vue. On descend à travers champ et quand je me sens plus à l'aise je lève les yeux pour contempler cette beauté à couper le souffle, là devant moi se tient la montagne voisine qui semble s'approcher de moi à mesure que j'avance dans les pas de Mana. C'est fou d'imaginer que les personnes qui vivaient là il y a des milliers d'années voyaient peut-être le même paysage que celui que je regarde à cet instant.
On arrive au fond d'un ravin. Le temps et l'érosion sont parvenu à créer un petit havre de paix, celui de Mana. Je suis certaine qu'elle est la seule à venir ici. C'est ici qu'elle trouve les plantes vertes qu'on a mangé au dîner et qui ont un goût d'épinard des marécages. Je n'aurais jamais pu soupçonner l'importance de ce lieu pour Mana, qui de prime abord semble sans intérêt particulier. Ce qui semble vide de sens pour certains peut receler tant de secrets pour d'autres. Elle cueille en chantant. Elle est accroupie face à moi et elle met ses feuilles à plat dans une grande feuille de bananier. Derrière elle la montagne disparait dans un épais nuage blanc. La vie en osmose avec la nature est aussi un moyen de renouer avec la mémoire de l'humanité. Le temps n'a plus de sens pour moi, je suis totalement déconnectée de mon quotidien. Mes habitudes totalement perturbées me donnent la sensation d'être passée dans un présent où le temps est élastique, où il se sert puis s'étire comme un accordéon.

La première pierre

John est entrain de déraciner les dernières herbes mortes avec une pioche. Je ne savais plus la sensation que ça procurait de plonger ses mains dans la terre. Mana relève sa casquette de temps en temps pour m'observer. Par moments nos regards se croisent et on sourit. Ça me donne de la force pour faire de mon mieux. On pioche et on rabat, on fait des petits tas qu'on brûlera. Après une heure ou deux de dur labeur sous le soleil brûlant, dégoulinants de sueur sous nos casquettes et nos gants trop grands, on fait une pause sous la cabane. Chaque famille en possède une, ils l'utilisent pour s'y reposer la journée ou y dormir la nuit en période d'intense travail. L'air circule bien. John me roule une cigarette, le papier est sans collant et il n'utilise pas de filtre, ce qui le contraint à utiliser une technique bien particulière. Il fait aller et venir la cigarette entre ses deux mains posées l'une contre l'autre, comme on le fait avec de la pâte à modeler pour confectionner un boudin. La fumée blanche est plus épaisse que celle de nos roulées habituelles. Pendant que Mana prépare le déjeuner, John disparait. Elle découpe un concombre à la machette, suspendu au-dessus du bol, son index donne l'impulsion minutieusement comme sur des touches de piano. John réapparaît au bout de quelques minutes, je lis une satisfaction sur son visage qui s'est illuminé, heureux comme un enfant qui s'apprête à faire un coup. Il agite une petite branche devant moi. Il attend d'avoir toute mon attention et il croque dedans à pleines dents. Il me la tend. *You.* C'est une petite ruche. Ils me regardent tous les deux. J'approche mon visage de la branche, je ferme les yeux et je croque à pleines dents. C'est une explosion, de douceur, de réconfort. La ruche se défait sur ma langue et le miel se répand. C'est le bonheur. Aya est mort de rire. Il adore se moquer de mes réactions. Avec lui je retombe en enfance.

Ce sont ces détails-là, anodins pour eux, qui rendent mon expérience si spéciale. Ces moments de partage, de transmission, cette invitation dans leur intimité, dans leur quotidien. Pendant ce temps Mana fait cuire les plantes cueillies dans la feuille de bananier repliée sur elle-même. On déplie une natte sous le cabanon et on s'installe. John me montre comment confectionner des boules de riz bien compactes entre mes doigts. Il font une boule parfaite sans perdre un seul grain de riz, moi j'en renverse la moitié sur la natte… Concombre cuit, œufs durs émiettés, riz gluant, mangue verte, miel, plantes vertes et piment. J'ai l'impression que les aliments ont un goût plus prononcé que d'ordinaire. Je ne sais pas si c'est le contact de la nourriture sur ma peau, la sensation d'être si proche de la terre, celle qui nous nourrit, cet endroit à couper le souffle ou encore le fait d'être avec cette famille qui m'adopte, mais tous mes sens sont décuplés.

Une fois le déjeuner terminé, Mana retourne travailler. Depuis le décès de son mari il y a trois ans c'est elle qui tient le rôle de chef de famille. Quand elle ne travaille pas au champ elle s'occupe des enfants, cuisine, s'attelle à des tâches comme fabriquer des pompons avec des plumes de coqs ou de la laine, confectionner des colliers ou coudre des habits traditionnels akha. Elle passe son temps à chiquer du bétel. Elle étale de la chaux qui se présente sous forme de pâte blanche sur une feuille de bétel à laquelle elle ajoute des clous de girofle et des épices. Ce mélange fait beaucoup saliver et rend la salive rougeâtre. Elle laisse traîner partout derrière elle ces petites taches foncées qui ressemblent à des tâches de sang. C'est un stimulant et un euphorisant traditionnel qui laisse

La première pierre

un sourire noirci. Dans le temps les gens disaient que tous les animaux avaient les dents blanches alors les dents noires leur permettaient de se démarquer, ça les rendait très fières et c'était synonyme de beauté. Les feuilles de bétel ont plusieurs vertus, elles apaisent les maux de dents, aident à la digestion, sont antiseptiques, anti-inflammatoires et sans doute ont-elles d'autres nombreux bienfaits. Aujourd'hui au village seules de rares femmes, d'un certain âge, en consomment encore.

On reste sous la cabane avec John. Silencieux. C'est un homme charmant. Il a des traits fins, une peau épaissie par le soleil, un regard doux qui semble percer à nue et un sourire moqueur et très communicatif. Partager notre quotidien nous donne l'impression de nous connaître depuis longtemps, comme des frères et sœurs et à la fois comme des amants qui se découvrent. C'est difficile à expliquer surtout après si peu de temps passé ensemble. Je peine à comprendre cette ambiguïté qui nous lie mais je décide de ne pas y donner trop d'importance. On reste étendus sur la natte en pleine digestion et une fine pluie argentée se met à tomber. On reste là, spectateurs de ce splendide tableau qui s'étend devant nous à perte de vue. Je sais que je suis à ma place, exactement là où je dois être, sans trop savoir pourquoi ici mais je sais. Je me sens entière. Pas éparpillée. Je sens mon corps à nouveau. C'est peut-être la meilleure décision que j'ai prise de toute ma vie. C'est aussi ça la vie, pendre des décisions sans savoir où elles nous mèneront. On se laisse bercer par les mélodies de la nature et on finit par s'endormir.

Chapitre 4

Je lis sur mon futon quand j'entends Mana au dehors. Elle s'y reprend à trois fois pour prononcer mon prénom et je finis par comprendre. Je sors la tête de ma cabane et je la vois qui m'attend, elle me fixe avec son regard rieur que je trouve très beau. Elle me fait un signe de la main et je la suis jusqu'à la cour où elle me montre la tenue traditionnelle akha en tissu indigo brodé à la main et ornée de médaillons argentés et de perles multicolores qu'elle a cousu elle-même. La voisine qui est toujours dans les parages s'approche de moi avec la coiffe traditionnelle ornée de lourdes pièces en argent et me l'installe sur la tête. Puis elles m'habillent comme si on me préparait à quelque chose. C'est un long processus, il faut d'abord attacher les jambières autour des mollets, puis faire passer la jupe, ensuite passer la veste brodée qu'elles ferment avec une ceinture en tissu, puis elles me passent des dizaines de colliers de perles autour du cou. Le costume est magnifique, mais je meurs de chaud et ces pièces en argent pèsent au moins 500 grammes chacune. Aujourd'hui ces tenues sont cérémonielles pour la plupart des villageois mais quelques vieilles femmes portent encore la coiffe ou les vestes indigo au quotidien ou lors des cérémonies religieuses ou familiales. Trois hommes et deux femmes en tenues traditionnelles entrent dans la cour. Je me tourne vers John. *What happen ?* Je vais pleurer c'est clair. Coucou hypersensibilité ! Ils se mettent en cercle et attendent que je me joigne à eux. Mido, la petite de deux ans vient se coller à moi. Elle me distrait et m'aide à me contenir. Un des hommes se met à chanter, un autre à jouer de la flûte et ils se mettent tous à danser en cercle en tournant dans un sens puis dans l'autre. Les femmes tapent dans leurs mains. Je

La première pierre

m'oublie, j'oublie tout. Dans mon quotidien à moi il n'y a plus de place pour les tenues traditionnelles ou les rituels ancestraux, il n'y a pas une culture qui prend le dessus, elles se mélangent toutes. La tenue, les chants et tous ces rituels façonnent leur identité et renforce l'esprit communautaire. J'ai les larmes aux yeux, la gorge qui se serre, je suis émue et je rigole pour cacher l'émotion qui me submerge.

À la nuit tombée, un Pima est venu prier pour Abou qui pleure toujours. Des esprits d'enfants s'amusent avec lui d'après ce qu'on raconte. Un Pima est un chef instructeur qui perpétue les textes rituels en psalmodiant de longs versets lors de célébrations, obsèques ou guérison des malades. L'homme est arrivé à pied dans l'obscurité, par le chemin qui arrive de la place principale jusqu'à notre maison. Toute la famille monte dans la chambre familiale à l'étage. Je suis invitée à venir regarder et j'en suis très touchée, je me sens privilégiée car je sais que c'est un moment intime, dans un lieu intime. C'est une grande pièce divisée en une pièce principale au centre et trois petites chambres séparées par de fines cloisons en bois avec des matelas au sol, sur des nattes. Il y a la chambre de Lia et son bébé, celle que partagent John et Agna la plus âgée et celle où dorment Mana et Mido.

Après cette journée pleine de rebondissements et durant laquelle ils se sont dévoilés, ont partagé leurs traditions et leur savoir-faire avec moi, j'ai comme l'impression d'être acceptée au sein de la famille, qu'ils me font confiance. Peut-être qu'ils l'auraient aussi fait avec d'autres, mais je me sens extrêmement chanceuse et ça me remplit le cœur. Le vieil homme se met à genoux et commence une prière symbolique, une ficelle entre les doigts. Tout le monde s'assoit par terre face à lui, même Agna et Mido sont présentes, elles jouent sur des matelas. Cette prière doit éloigner les menaces en contactant les ancêtres et en leur demandant conseils pour affronter les mauvais esprits taquins. Ainsi elle fortifie l'âme de l'enfant. Il prie discrètement tout au long du processus. La ficelle est une protection, il y fait des nœuds sur lesquels il souffle, ensuite il l'attache autour du cou du bébé qui ne pleure pas. De nouveau j'ai la sensation de faire un bond hors du temps, de me réincarner en moi et je ne me lasse pas de cette sensation incroyable, c'est d'une intensité indescriptible. Plus rien ne compte à part l'instant présent, ce moment de partage entre deux peuples qui semblent vivre dans deux mondes distincts et qui vivent pourtant bel et bien sur la même planète, la Terre.

Chapitre 5

Au petit matin John me fait visiter le village. On se livre de plus en plus et je suis étonnée de voir l'étendue des sujets de conversations que l'on peut aborder malgré toutes nos différences. La langue elle, n'est plus une barrière, quand le désir de communication réelle est présent. On s'arrête chez les uns boire une infusion, chez les autres manger des litchis. Il se fait appeler John par les étrangers et je le découvre en voyant la réaction des villageois quand je prononce son prénom. Eux l'appellent Yaya. Ils se moquent de lui. Encore une manière pour lui de se démarquer des autres villageois. Il choisit ses habits avec soin, jeans et t-shirts floqués, contrairement aux autres villageois qui portent des

La première pierre

vêtements confortables pour travailler, vieux t-shirts délavés, maillot de foot, sandales en plastique etc.
On rejoint les autres villageois pour creuser une tranchée dans la forêt afin d'acheminer l'eau jusqu'au village. Ici tout le monde met la main à la pâte quand il y a une tâche à mener. La pioche à la main, j'essaie de m'atteler à la tâche avec autant d'ardeur que les femmes qui m'entourent. Je suis heureuse d'apporter ma pierre à l'édifice, aussi petite soit-elle. J'observe la solidarité et la cohésion qui se dévoilent partout autour de moi, quand mon regard est attiré par un homme en tunique orange qui se tient au bout du chemin. *It's Doon*, me chuchote John, le chef spirituel du village. Il vient voir l'avancée du travail. C'est un petit homme au regard profond d'une cinquantaine d'années. Il porte la tenue traditionnelle des moines bouddhistes, un tissu couleur ocre rabattu sur l'épaule. Il marche paisiblement jusqu'à nous les mains derrière le dos et me salue d'un hochement de tête, puis il se met un peu à l'écart sur un petit talus au bord de la route et se met en position accroupi. Je marque une pause, pose la pioche et je vais m'assoir à quelques mètres de lui, en attendant quelque chose. On reste silencieux à regarder les villageois s'agiter autour de la tranchée. Je suis un peu gênée de les regarder faire sans les aider mais c'est plus fort que moi, l'homme en robe orange m'intrigue. Je l'observe du coin de l'œil, intimidée et incapable de dire quoi que ce soit. De longues minutes passent. Il m'adresse enfin la parole, en anglais à mon grand étonnement. Il me demande d'où je viens, pourquoi je voyage seule, comment je me sens au village, si je m'y plais. *Something brought me here, I needed to be alone.* Il semble quelque peu décontenancé, j'ai même l'impression qu'il trouve ça incongru. Il me regarde un moment, songeur. *Do you want to learn how to do meditation ?* Il observe ma réaction, impassible, ses yeux profonds me transpercent. Je m'autorise quelques secondes de réflexion. *I can teach you. You need two days.*
Il est prévu que je quitte le village le surlendemain, pour continuer mon voyage vers le sud. Quand on est seule, dans un environnement qu'on ne connait pas, on est méfiante malgré nous et on doit écouter notre intuition pour faire les bons choix. Je crois que je suis déstabilisée par la simplicité avec laquelle les choses viennent à moi. J'ai du mal à lâcher prise, à ne pas essayer de tout contrôler. J'ai souvent rêvé de suivre les enseignements d'un moine bouddhiste dans un temple en immersion, peut être avais-je imaginé un monastère plus austère vraiment coupé du monde comme sur les falaises du Bhoutan. Je ne me doutais pas que ça finirait vraiment par arriver en dehors de mon imagination, ça restait de l'ordre du fantasme, soit quelque chose qui ne se réaliserait peut-être jamais. Je discute avec John pour essayer de trouver un arrangement pour la chambre, pour prolonger mon séjour. Accord conclu, je prolonge le séjour d'une semaine. John a l'air ravi. Je n'ai qu'à me laisser porter et poser de petites actions, rester en mouvement. Quand on voyage, c'est la plus belle chose qui puisse nous arriver, retourner à l'état d'être intuitif, s'éloigner du pragmatisme occidental et moderne pour faire de la place à l'imprévu, à l'inconnu. Se challenger. C'est ce type d'opportunité ou de rencontre qui ne se présentent pas deux fois et qui changent le cours d'une vie. Du moins la mienne. Je ne sais pas grand-chose de la méditation à part ce que ma mère m'a appris. J'en ai même peur je crois. De ne pas savoir lâcher prise, de ne pas savoir contrôler mes pensées, d'avoir un éclat de conscience, de me sentir seule, à dix mille km de chez moi, d'être prise

La première pierre

d'une crise de panique ou peut être simplement de me dépasser et de ne pas savoir comment maitriser ce pouvoir. Des peurs irrationnelles et contradictoires. Mais la peur est là, malgré moi et même si je sais qu'elle n'évite pas le danger je crois qu'elle est quand même utile parfois.

> *Un voyage se passe de motifs.*
> *Il ne tarde pas à prouver qu'il se suffit à lui-même.*
> *On croit qu'on va faire un voyage,*
> *mais bientôt c'est le voyage qui vous fait, ou vous défait.*[4]

Chapitre 6

La lumière tombe vers 17h sur Sanjolon Kao. On quitte Doon pour aller chercher Agna qui revient de l'école. Je me retourne pour le regarder une dernière fois avant mon initiation prévue le lendemain. Pour être sure. C'est aussi cela qui est passionnant, ne jamais être sûre de ce qu'il adviendra et pourtant réussir à être sûre de soi-même durant un millième de seconde.
Sur la place principale du village, les hommes et les femmes reviennent des champs avec leurs paniers sur le dos pleins de pousses de bambous, de racines ou de jeunes ananas. Les hommes squattent la terrasse de l'épicerie où ils boivent du *whisky* ou de la bière, tandis que les femmes traînent à l'extérieur, sous un petit kiosque à l'abris du soleil brûlant, de l'autre côté de la place. On prend une bière sur la terrasse de l'épicerie qui a quelque chose d'accueillant, sans doute la vue, car elle surplombe le village en escalier. On s'installe avec les hommes, chacun attendant le retour de l'école qui se trouve dans la ville de Mae Suai. Les enfants se font raccompagner par une petite camionnette. Sur les marches de l'épicerie, il y a un bidon d'eau et une tasse en plastique à disposition, que les enfants se partagent. Ces petits détails me touchent, j'y vois une solidarité naturelle et évidente que je ne retrouvais plus à Paris. L'ambiance est chaleureuse et détendue, John m'offre une bière, je lui offrirais la prochaine, puis les hommes qui sont assis à notre table nous invitent gaiement à trinquer pour me souhaiter la bienvenue chez eux. *Whisky, whisky* ! Ils appellent ça du *whisky* mais il s'agit en fait d'alcool de riz et ça a plutôt la puissance de l'absinthe. Je ne peux pas refuser et ça a l'avantage de saouler assez rapidement. C'est même très efficace vu la rapidité à laquelle tout le monde est saoul autour de moi. Moi y compris. Il a fallu moins de quinze minutes pour que les visages virent à l'écarlate. Je ne comprends rien à ce qui se dit. John me traduit quelques blagues que je ne comprends pas. Je lutte pour garder le contrôle de moi-même et ne pas donner l'air d'être pompette, mais vu la façon dont John sourit en me regardant je crois qu'il m'a démasqué. La situation me fait rire. Assis sur les marches surplombants la petite place du village, à regarder le coucher de soleil pendant que les enfants jouent, John se livre sans même que j'ai à lui tirer les verres du nez. On rigole bien. Je crois que ça lui fait du bien de se livrer, de partager sa vie avec quelqu'un de l'extérieur. Par moment je sens une lueur dans son regard que je ne comprends pas tout à fait ou que je ne veux pas comprendre. À la suite d'une déception sentimentale, une histoire d'amour

---

[4] Nicolas Bouvier, *L'Usage du monde*, 1963

La première pierre

déchirante lorsqu'il avait 18 ans, il a cherché à ce qu'on lui présente une femme à épouser. Un de ces nombreux cousins – je crois que tous les hommes du village sont ses cousins ou ses oncles - lui a alors présenté une jeune femme d'un village voisin. Ils ont d'abord appris à faire connaissance par téléphone car elle travaillait à Bangkok à l'époque. Les échanges téléphoniques ont duré trois années consécutives jusqu'à ce que John se décide à la demander en mariage, c'est alors seulement qu'ils se sont rencontrés et elle est venue s'installer au village dans la maison familiale de John, qu'elle n'a plus quitté. Pendant que la bière afflue, nous maintenant dans cet état second et que John se confie sur son passé, une petite fille de cinq ou six ans tombe sur la tête en jouant avec les autres enfants et s'ouvre le crâne. Une vieille femme la prend dans ses bras et se met à lui frotter la tête. L'enfant se laisse faire sans pleurer, c'est presque absurde. La vieille femme fait le tour de la place calmement, l'enfant dans les bras, pour montrer la blessure aux personnes présentes. Le temps s'est arrêté pour moi. Je les suis du regard. Chacun regarde la tête de l'enfant sans rien dire, en vacant à ses occupations. Je me demande quel est l'hôpital le plus proche. Je lance un regard à John en espérant qu'il fasse quelque chose, mais il ne réagit pas non plus et continue à fumer impassible. La vieille femme et l'enfant disparaissent et la vie reprend son cours. L'incident est déjà oublié. Moi je suis un peu chamboulée, est-ce l'alcool qui me fait avoir des hallucinations ou est-ce que personne n'a réagi à ce qu'il vient de se passer ? Le soleil s'en est allé, laissant derrière lui des traînées rouges dans un ciel mauve, abandonnant sa place à un petit croissant de lune scintillant dans un ciel indigo.

Agna et Mido me surprennent chaque jour un peu plus de par leur autonomie et leur débrouillardise qui sont fascinantes pour leur jeune âge. Il n'y a jamais de crise de colère ou d'excessivité. Mido la plus jeune, a un équilibre remarquable, elle va et vient en courant comme sa grande sœur, sur les chemins pentus semés de bosses et de crevasses sans jamais trébucher. Et si elle tombe, elle se remet sur pieds sans demander d'aide et se remet à courir de plus belle pour montrer que ça ne l'arrête pas. Ça change des enfants occidentaux que les parents rendent bien trop peureux et dépendants par la surprotection. Ici pas de catastrophes, pas de scènes. Mido sait déjà manier un couteau de cuisine aussi long que son bras et découpe des brindilles sous les regards approbateurs et fières de ses parents qui ne s'en affolent guère. Ici on laisse les enfants libres d'essayer, ils sont autorisés à se faire mal, à se tromper, à se heurter à l'adversité, pour apprendre par eux-mêmes, par l'expérience.
Paradoxalement elle est encore trop petite pour aller à l'école alors elle passe le plus clair de son temps collé à mes basques. Ça me rend heureuse, car sa fraîcheur et son enthousiasme m'apprennent à lâcher prise. Les enfants sont pleins de surprises, ils ont cette naïveté, cette authenticité et cette faculté d'émerveillement que les adultes ont oublié ou étouffé en vieillissant. Ils vous réapprennent à profiter de l'instant présent, à oublier vos soucis.

De retour à la maison on dîne tous ensemble. Il y a une certaine unité autour des repas. Les enfants mettent les mains dans les plats comme les parents, je suis la seule à me servir dans une assiette et à manger avec des baguettes. Comme chaque soir après le dîner on reste dehors avec John à fumer des roulées et

La première pierre

discuter après que femmes et enfants soient allés se coucher. C'est notre petit rituel. On fête le prolongement de mon séjour. Parfois je me demande si c'est normal ou si Lia le voit d'un mauvais œil. John fait son intéressant en me racontant tout un tas d'histoires sordides. Dans le temps, l'emplacement de leur maison se trouvait sur la route des esprits vers le cimetière. Avant de s'installer sur ces terres, son père -qui avait des pouvoirs- a purifié les lieux et demander aux esprits de changer d'itinéraire pour rejoindre la forêt au-dessus de ma cabane où se trouvait le cimetière. Depuis, les esprits passent par le chemin qui contourne la maison, au lieu de la traverser. Quand les chiens aboient sans raisons la nuit c'est qu'ils ont vu un esprit rôder. L'année passée, un de ces oncles est décédé sans aucune raison, tout le monde pense qu'un esprit lui a rongé l'intérieur. Ils n'ont pas trouvé d'autre explication et ils n'auront sans doute jamais le fin mot de l'histoire, car aucune autopsie n'a été pratiquée sur le corps du défunt. Pendant un enterrement il ne faut jamais regarder le cercueil du défunt avant la mise en terre, car on pourrait croiser le regard d'un esprit malveillant et il en profiterait pour s'accrocher à nous. Certains sont dangereux mais il ne faut surtout pas leur montrer qu'on les craint, car si on devient vulnérable, on leur donne du pouvoir et ils s'accrochent. Je n'aime pas ces histoires d'esprits. Je ne sais pas si j'y crois, mais j'ai entendu dire que ceux qui y croient ont le pouvoir de les voir alors je nie en bloc. Pour couronner le tout il me raconte l'histoire d'un thaïlandais qui aurait assassiné une femme blanche par amour. Mythe ou réalité je ne le saurais sans doute jamais. Pour parfaire la blague, il me dit qu'il est si content de pouvoir partager son quotidien avec moi qu'il ne veut plus que je m'en aille, qu'il devrait peut-être me tuer aussi et me mettre dans le réfrigérateur pour que je ne les quitte plus jamais. Une vision d'horreur me traverse mais je reprends vite mes esprits et lui cache ma stupeur, je ne dois pas me laisser intimider. Je ris et me moque de lui pour désamorcer la bombe. Il se met à rire lui aussi. Loi de Murphy contournée. Après avoir fumé suffisamment de cigarettes, il me souhaite bonne nuit au milieu des esprits et sur ces belles paroles je vais me coucher dans ma cabane qui se trouve entre le chemin et le cimetière, autrement dit le lieu de rendez-vous des esprits du village.

Il ne pleut pas ce soir. Je suis un peu déçue. Je peux entendre tous les bruits de la forêt. Les poules marcher sur les feuilles mortes à un mètre cinquante sous mon lit, les chiens se répondre d'un bout à l'autre du village - ou nous prévenir de la présence des esprits malfaisants - le vent souffler sur les feuilles - ou les esprits roder - le bois de la cabane qui craque - où les esprits s'approcher - et tout un tas d'autres bruits que je ne connais pas. Mais j'ai décidé de les affronter seule, encore une fois, alors je dois être courageuse. L'inconnu me fait peur, mais à ce moment-là, je me rends compte que je me sens plus en sécurité dans cette forêt que dans les rues de ma ville.

Chapitre 7

Le vendredi c'est le jour de Bouddha. Tous les villageois convertis vont au temple. C'est le jour où les bouddhistes doivent accomplir leurs devoirs religieux et renouveler les cinq préceptes que Bouddha a donné aux laïcs pour les protéger des difficultés. Nourriture et billets à foison leur sont distribués

La première pierre

chaque vendredi car les moines vivent de l'aumône. Des dizaines de 4x4 et de scooteurs bourrés à craquer se bousculent sur la petite route qui mène au temple. L'ambiance est chaleureuse et je suis touchée de voir tous ces gens ici réunis autour de cette célébration. Les rassemblements religieux ne m'ont jamais particulièrement attirés ou touchés mais celui-ci m'émeut profondément. J'ai l'impression de faire partie de quelque chose, de sentir l'énergie de la cohésion. Je me retiens de pleurer. Il faut dire que si j'acceptais ma vulnérabilité et que je laissais mes émotions me submerger je pleurerais dix fois par jour au moins. Dans le temple, chacun attend de pouvoir présenter ses offrandes assit par terre les uns derrière les autres en file indienne. Quelques volontaires les collectent pour les mettre dans de grands sacs et une fois que tout a été distribué Doon fait quelques prières, puis tout le monde sort.

Sur le retour du temple, juste avant d'arriver sur la place du village j'aperçois une montagne de déchets en plastique dans un ravin au beau milieu d'une nature sauvage, comme une décharge à ciel ouvert en plein milieu du village. Les camions de poubelles ne s'aventurent pas jusqu'au village car les routes sont trop étroites et trop dangereuses. Ici on vit avec la nature mais la conscience écologique comme on l'entend chez nous n'a pas encore fait son chemin jusqu'ici. Ils jettent tout par terre jusque dans leur champ et devant leurs maisons, j'ai même vue chez John, une poule gober un morceau de plastique.

J'accompagne John dans la forêt. Je porte la corbeille et John s'occupe de trouver des pousses de bambou en grattant la terre aux pieds des arbres, il sait exactement où chercher, moi je l'observe fascinée. C'est fantastique de se nourrir à la source. Ça me parait fou, moi qui m'approvisionne en grande surface, si loin de la terre nourricière. Et pourtant c'est ce qui a permis à l'humanité de devenir ce qu'elle est aujourd'hui. On l'oublie trop. Je me sens si éloignée de ma nature profonde. C'est comme si chaque pas ici m'y reconnectait un peu plus.
Une fois le panier suffisamment rempli de pousses il veut me montrer quelque chose. On continue de grimper la colline. Pendant quelques secondes je m'imagine la situation déraper. Qu'est-ce que j'imagine exactement ? Peut-être est-ce sa blague de la veille sur ma mise en frigidaire qui fait des ricochets tardifs dans mon inconscient. Je chasse cette pensée absurde de mon esprit. Pourquoi me ferait-il du mal ? Sans doute est-ce une paranoïa débile d'occidentale trop influencée par les médias, qui nous bourrent le crâne d'insanités et qui ne sollicitent guère notre intellect, ne nous poussent pas à nous élever d'avantage mais plutôt à craindre le monde qui nous entoure pour mieux nous contrôler. Habile manière de nous conditionner à suivre un troupeau crée de toute pièce nous restreignant donc à un statut médiocre bien peu épanouissant. Je reprends mes esprits et chasse cette pensée effrayante et sans fondements et je reviens dans le moment présent. Une fois arrivés tout en haut de la colline qui donne à voir les montagnes alentours on allume une cigarette et il m'explique que 80% des villageois sont bouddhistes, 10% chrétiens et les 10% restants *spirit*. Je comprendrais plus tard qu'il s'agissait des animistes, les 10% restants à ne pas s'être encore convertis au bouddhisme. Il y a une petite maisonnette en bois, c'est ici que les villageois viennent implorer les esprits de la forêt de faire une bonne récolte. De petites étoiles en bois tressées sont accrochées autour des troncs d'arbres, ce sont des protections. Je comprends

La première pierre

donc que ce lieu est dédié aux animistes, sachant que les nouveaux convertis gardent aussi leurs anciennes croyances animistes, donc il concerne 100% de la population. La visite terminée, on redescend par un autre sentier, tout aussi pentu. On passe devant de grandes cuves cylindriques en béton. Ce sont des citernes qui approvisionnent le village pendant la période sèche, mais elle n'est pas potable. Pour l'eau potable on va remplir des bidons en ville, dans des sortes de stations-services et on blinde les 4x4. Avec ces bidons on remplit des caisses et des caisses de bouteilles en plastique et rebelote.

On arrive enfin. Tel une oasis au milieu du désert, le temple de Doon. On oublierait presque l'existence du village à quelques mètres de là, au bout de la route goudronnée. Ce lieu est un réel havre de paix au milieu de la forêt, de gros nénuphars fuchsias et blancs flottent dans une petite mare ou de petits têtards se transforment en grenouilles à l'abri des regards. À une dizaine de mètres du temple, cachées derrière des arbres, sept statues de Bouddha dos au temple, qui regardent en direction de la vallée. Il y en a une pour chaque jour de la semaine et la tradition veut que l'on prie le bouddha qui correspond au jour de sa naissance. Le Bouddha du lundi « Phra Harm Samot » (Pacifier ses proches) est debout avec une main tendue devant lui en signe de paix. Celui du mardi « Phra Sayiasna » (Atteindre le nirvana) est couché sur son côté droit, la main droite supportant sa tête, la main gauche le long du corps. Il est à l'aube de sa mort. Il y a deux Bouddha pour le mercredi, celui en journée « Phra Oom-Baht » (Recevoir les offrandes) est debout tenant un bol à aumône dans ses mains et celui du soir, après minuit et avant l'aube « Phra Pang Reerai », assit, reçoit des offrandes d'un singe et d'un éléphant. La main droite, du côté de l'éléphant est ouverte en signe d'acceptation, la gauche du côté du singe est tournée vers l'extérieur en signe de refus. L'éléphant lui offrant de l'eau et le singe essayant de le piéger. C'est une métaphore du bien et du mal pour se rappeler de rester vigilant. Celui du jeudi « Phra Nung Samadhi » (Le Bouddha en méditation ayant atteint l'illumination) est assis en position du lotus, la main droite au-dessus de la main gauche, paumes ouvertes vers le ciel, c'est la posture de méditation classique, l'énergie peut entrer par le haut du corps. Celui du vendredi « Phra Rum Peung » (Le Bouddha en contemplation) est debout les bras croisés, la main droite sur la main gauche, cette posture rappelle la difficulté de Bouddha à communiquer son enseignement après l'atteinte de l'Éveil. Celui du samedi «Phra Naphrok » (Bouddha protégé par le roi des nagas) en méditation profonde est représenté avec un cobra qui le protège du vent et de la pluie. Le serpent est le médiateur entre la terre et le ciel, ce monde et l'au-delà, il représente également la divinité protectrice des eaux et protège le village des grosses averses. Enfin celui du dimanche « Phra Tawai Neth » (Sept jours de recherche) est debout, les mains croisées au niveau de la ceinture, la main droite sur la main gauche. Cette posture représente Bouddha après l'illumination, après avoir méditer sept jours durant sous un arbre. Il existe une jolie métaphore pour comprendre les trois catégories de personnes auxquelles Bouddha fait face. Les êtres humains sont comme les différents types de lotus, ceux qui restent dans l'eau, ceux qui émergent et fleurissent doucement et ceux qui flottent en fleurissant. Il m'aura fallu faire de longues et fastidieuses recherches pour comprendre à quoi correspond chacune de ces postures, car John ne sait pas me les expliquer.

La première pierre

Chapitre 8

Comme chaque jour on attend Agna en sirotant une bière. Léo pour moi, Chang pour John. Je finirais par me laisser influencer. Je crois que je choisissais la Léo pour m'opposer à lui, m'affirmer en tant qu'individu capable de se débrouiller seule même en terre inconnue. Ou peut-être que c'est à moi que je cherchais à le prouver. L'agilité féline et la puissance silencieuse et furtive du léopard de la bière Léo qui m'attiraient au début ont finalement laissé place au calme imposant et à la sagesse des deux petits éléphants qui entourent Chang, auxquels je m'identifie davantage à présent.

Mana nous rejoint avec Mido sur le dos, elle est descendue s'acheter son whisky quotidien. Elles me fascinent. J'avoue à John que j'ai prévu d'embarquer Mido dans mon sac à dos quand je quitterais le village, je ne veux plus m'en séparer. Pour la première fois de ma vie je crois comprendre ce qu'on appelle l'instinct maternel. Je n'ai plus peur d'élever un enfant quand je la vois, car elle m'apprend beaucoup. Je me suis totalement appropriée cette enfant, comme si elle était orpheline, simplement parce que ses parents ne prennent pas le même rôle que nous en Occident. Ça fait rire John et il m'avoue que si je restais deux ou trois mois de plus elle finirait sans aucun doute par m'appeler *mom*. Je pense au fait que je ne la verrais pas grandir et ça me serre le cœur.

La petite camionnette qui dépose les enfants se gare sur la place, Agna bondit hors du véhicule et court jusqu'à moi pour me sauter dans les bras. On traine un moment avec les autres villageois, les enfants jouent et les adultes boivent, comme chaque jour qui passe. Je regarde le soleil se coucher sur les grosses marches en béton surplombants la place et j'observe les villageois. Je n'échangerais ma place pour rien au monde. L'heure d'Or est de loin le plus beau moment de la journée. C'est un instant éphémère, où rien ne reste, où tout nous échape et où tout est possible. Suspendu dans le vide. Plus rien n'a d'importance, seul le moment présent n'a de sens. Si seulement cette lumière pouvait durer éternellement, comme dans « Les moissons du ciel » de Terrence Malick, métaphore du paradis perdu, film entièrement tourné pendant le crépuscule, l'heure bleue, qui crée cette impression d'être dans un rêve éternel. Rêveries. Fantasmes. Flottante.
John me rejoint et on aborde le sujet de l'égalité hommes/femmes, *Things start changing at the end of the 80's*. Avant, les femmes allaient travailler et les hommes restaient à la maison à fumer de l'opium. Aujourd'hui l'opium est interdit en Thaïlande, seuls quelques vieux marginaux fument encore dans les villages, maintenus à l'écart de la société. On les reconnait aisément, ils sont solitaires et leurs visages sont marqués. Les hommes et les femmes sont *equal*. Je me demande ce qu'il entend par égaux. Certes les hommes travaillent presque autant que les femmes aujourd'hui mais est-ce seulement leur place au travail qui permet de justifier leur égalité ? Je constate par exemple que dans leur couple John est beaucoup plus indépendant que Dia, il a son scooter et son 4x4 qui lui permettent de se déplacer en toute liberté, Lia non, elle dépend de lui. De plus, John sort presque tous les soirs boire avec ses cousins, tandis que les seules amies de Lia ce sont ses sœurs, qui vivent loin et qu'elle voit rarement. John ne s'occupe pas vraiment des enfants et certains disent même qu'il ne

La première pierre

s'occupe pas bien de sa famille, qu'il est trop immature et égoïste.

Chapitre 9

Nouveau départ. Je commence la méditation aujourd'hui. Ici ce n'est pas le bruit des klaxons qui me réveillent, c'est celui des coqs et des criquets. Je sors de sous ma moustiquaire à califourchon et allume la petite ampoule nue suspendue à un fil qui pend au milieu de la pièce. C'est là que je fais face à une intrusion. Une araignée grosse comme la paume de ma main. Elle est postée là au-dessus de l'interrupteur, à 5 cm de mon indexe. Je fais un bon et je décide de taper des pieds et des mains, de faire le plus de bruit possible pour l'éloigner. Après quelques secondes c'est moi qui finis par m'enfuir hors de la cabane. Après tout, elle est plus chez elle que moi chez moi.

Je prends le café avec John comme chaque matin. On ne se parle pas toujours, on sait aussi apprécier le silence. On sort doucement de nos rêves embrumés et on se prépare à une nouvelle journée dans le silence. C'est si bon. Les femmes sont là. Elles quittent peu la maison, elles alternent la préparation des repas et les tâches ménagères, la garde des enfants et même leur éducation. Cependant je remarque que Lia s'occupe surtout d'Abou, qu'elle porte sur elle toute la journée. Mana s'occupe principalement de Mido l'enfant de mon cœur et John d'Agna. Je ne m'en étais pas aperçue mais Abou ne pleure plus depuis que le Pima est venu prier.
Après un accouchement la coutume veut que le couple dorme séparément. La mère dort avec son enfant qu'elle allaite jusqu'à ce qu'il soit assez grand pour dormir seul. Je demande à John si ça le dérange. On en est à ce niveau d'intimité que je me permet de lui poser ce type de question. Il répond qu'ils ont suffisamment confiance l'un en l'autre pour ne pas avoir besoin de coucher ensemble pour se prouver leur amour. Je sens une certaine désillusion dans son regard, qu'il essaie de cacher, je sens que ces traditions lui pèsent. John se confie beaucoup à moi, il me fait confiance.

Il faut monter quelques marches pour atteindre la grande porte principale du temple. On se défait de nos tongs avant d'entrer et je trouve ça assez agréable de laisser ma plante de pieds sentir le sol sacré, laisser l'énergie circuler dans tout mon corps, de la tête jusqu'aux orteils, sans obstacle. Sur le mur du fond trois Bouddha très colorés ont été soigneusement peint à la main. Je découvre les talents de Doon. En dessous, au centre de l'estrade trône une grande statue de Bouddha et une autre plus petite à sa droite. Des colonnes sont alignées tout le long de la salle et des décorations fluos flottent et dansent au gré du vent. Elles représentent les douze animaux sacrés : le rat, le buffle, le tigre, le lapin, le dragon, le serpent, le cheval, la chèvre, le singe, le coq, le chien et le cochon. Quand j'entre dans le temple, pour la première fois vide et silencieux, j'ai une sensation curieuse. Il fait très sombre et lourd. Plus je m'approche de la statue de Bouddha au fond de la pièce plus je me sens lourde. C'est comme si des énergies invisibles me rajoutaient des poids sur les épaules à chaque pas que je fais, comme pour me retenir à l'extérieur, me dissuader ou ajouter de la difficulté. L'air est chaud et épais, j'ai l'impression de ressentir dans tout mon corps la loi de l'attraction universelle, d'être littéralement attirée par le centre de

La première pierre

la terre. Verticale et raide comme ces vieux pantins qui s'effondrent lorsque l'on donne une légère pression sous le socle qui les maintiens bien droit et tendus par des élastiques. Ce lieu est plein d'énergies invisibles à l'œil nu, je peux les sentir, c'est une évidence, des forces me traversent. J'arrive enfin jusqu'à l'estrade où la statue de Bouddha m'observe et me transperce elle aussi de son regard profond. Toutes mes pensées sont restées à l'extérieur du temple sur le seuil de la porte, comme si en enlevant mes chaussures j'avais aussi laissé toutes mes casseroles derrière moi, pour les retrouver ensuite, peut-être moins lourdes, moins bruyantes, moins gênantes. Doon se tient derrière moi silencieux. John nous surveille de l'extérieur, comme un spectateur bloqué par ces forces invisibles, avec nos chaussures et nos casseroles. Je ne saisis pas la raison de sa présence un peu gênante. Il m'expliquera plus tard qu'un moine ne doit pas rester seul avec une femme, sans m'en donner les raisons. Parfois il faut accepter l'incompréhension, ne pas chercher à tout comprendre et à vouloir tout justifier, à vouloir trouver des réponses logiques et satisfaisantes. Nos logiques n'ont plus de sens hors de chez nous.

Doon m'installe des gros coussins de méditation au pied de l'estrade et m'invite à m'installer face à lui. Il s'assied en tailleur sur l'estrade en position du lotus, la main droite sur la main gauche. Quand j'ai trouvé une posture que je vais pouvoir tenir, l'initiation peut enfin commencer. Je suis invitée à fermer les yeux. Je suis la voix de Doon attentivement et respire profondément. J'essaie de détendre tous les muscles de mon corps, d'évacuer les tensions et de ne plus penser à rien, d'oublier qu'il m'impressionne. Je me concentre sur sa voix qui me guide dans un anglais approximatif. J'inspire et j'expire. Je n'ai aucune idée de ce que je fais. J'ai l'impression de tricher car je continue à penser. Comme le dit Thich Nhat Hanh, un moine vietnamien, *quand vous respirez vous revenez en vous-même, quand vous expirez vous relâchez toutes les tensions*. La respiration est la meilleure manière de trouver la paix intérieure. Des images de Paris me viennent comme si je regardais le film de ma vie en fondus enchaînés. Des ralentis, visages familiers, doux, apaisants, des images lumineuses, mais aussi des gros plans, regards méprisants, paroles blessantes en écho, obscures, pleins de choses que je refoule, que j'essayais de fuir en venant ici. Je me demande ce que je vais bien pouvoir faire de ma vie. *Oh non.* Les voilà, les angoisses resurgissent. Je suis prise dans le tourbillon des interrogations existentielles. D'un coup l'écran s'éteint. Doon m'a fait sortir de ma tourmente, comme s'il voyait clair dans mes pensées. Il insiste bien sur le fait de seulement *watch* ce qu'il se passe. Mais qu'est-ce que ça veut dire regarder ce qu'il se passe, regarder ses pensées ?! Les paupières closes, je me replonge dans l'obscurité de ma conscience, je les vois défiler ces nombreuses pensées, mais je ne peux pas m'empêcher de faire des arrêts sur image pour analyser chacune d'elles, les décortiquer, les traiter et les ranger dans des dossiers. Doon insiste comme s'il voyait ce que je voyais. *Look at them and let them through.* Sa voix est douce mais ferme. J'ouvre les yeux. Je ne comprends pas, ça commence à m'agacer, je sens de la colère qui me monte au visage, du jugement, c'est mon critique intérieur qui me rappelle de ne surtout pas sortir de ma zone de confort. Doon me demande de me lever. Je me sens soulagée. On marche ensemble, c'est une façon de se *reconnect to mother earth,* celle qui nous nourrit et nous guérit. Je marche trop vite, il me demande de ralentir. Je décide de suivre son rythme, on marche de plus en plus lentement, on ne marche même plus on avance de 10cm

La première pierre

en 10cm jusqu'à la porte où John m'attend et on revient vers les coussins de méditation. On fait plusieurs allers-retours comme ça les yeux fermés, qu'on ouvre de temps à autre pour évaluer le danger et ça me calme. *Concentrate on your breathing, on your steps, feel the ground under your bare feet, your heel then your toes, feel the air caress your skin, concentrate on your sensations, listen to the sounds around you, feel your lungs fill up air, empty everything, and then refill.* Je me concentre sur ma respiration. Je sens ma cage thoracique monter et descendre puis mon ventre se gonfler. J'écoute attentivement. Puis j'entends. D'abord le vent faire danser les feuilles, les oiseaux chanter là-haut perchés sur leurs branches. Puis ce sont les criquets. Les sons un à un se décuplent et occupent tout mon espace crânien, puis chaque nouveau son s'ajoute aux précédents pour former un tout, une symphonie complète. Comme si mon ouïe s'était tout à coup surdéveloppée. Je marche si lentement que je fais presque du sur place sans m'en rendre compte, sa voix lointaine m'invite à revenir m'assoir. Face à face à nouveau, les mains sur les genoux je respire profondément, je prends mon temps cette fois pas de précipitation, je suis sa voix me guider pendant un moment. Et puis je ne l'entends plus, elle fait partie des sons ambiants, elle se mêle aux bruits de la forêt. Je ne sens plus aucune tension dans mon corps, je m'allège peu à peu de ce corps qui m'alourdissait jusqu'à présent, qui m'empêchait de m'évader. J'apprends à m'évader. C'est comme si mon esprit s'échappait de mon corps, comme s'il avait trouvé le moyen de voyager lui aussi, qu'il désertait sa maison pour aller explorer de nouveaux horizons, de nouvelles contrées inexplorées. Je plonge tout droit dans mes souvenirs oubliés.

C'est l'été, je suis à Altea avec ma mère. Je dois avoir sept ou huit ans tout au plus. C'est un ancien village de pêcheur sur la côte valencienne en Espagne. Le village se dresse sur une colline aux maisons éclatantes, blanchies à la chaux et reflétant le soleil. Le sol des ruelles est pavé de galets gris, noirs et blancs. Altea, le village de mon enfance. Là où nous allions chaque été, dans la maison familiale. Ma mère est assise sur les marches devant la maison. Des plants d'hibiscus rouges, de bougainvilliers fuchsia et de jasmins blancs habillent les murs. Son visage est gris, et sombre, presque sans vie. J'ai du mal à la reconnaitre, comme dans un rêve. Je sais que c'est ma mère, mais j'ai l'impression qu'il s'agit d'une inconnue. Je nous sens distantes. J'ai deux mères à cette époque, une que je connais bien et l'autre qui m'échappe, que je ne comprends pas. Cette femme dont je reconnais les traits, ma mère je crois, disons cette mère qui m'échappe, porte une belle robe bleue turquoise à motifs cachemires multicolores que j'adore, je me souviens encore de tous ses détails. J'observe le visage rond et pulpeux de cette femme qui se met à fondre, comme dans les portraits de Bacon, il dégouline et devient de plus en plus sombre jusqu'à disparaitre dans une dernière tâche noire. Je crois qu'elle pleure, je n'en suis pas sûre parce que je ne suis pas sûre de savoir à quoi ressemble un adulte qui pleure. Je me sens vulnérable, inutile, invisible et ça me paralyse. Je voudrais la rassurer mais je n'ai pas les armes, je n'ai pas les mots. Je me sens si seule, si nulle. Je sais que cette femme m'aime, mais moi je ne sais même pas qui elle est. Je m'en veux de douter et je me déteste de rester là, sans réagir, sans savoir la soulager, la faire revenir. C'est alors qu'un autre moi entre dans le champ, le moi du présent, de 23 ans. Je me vois m'approcher de cette enfant,

La première pierre

mon autre moi et prendre dans mes bras cette petite fille de sept ou huit ans que j'étais. Je la sers fort dans mes bras. Je la rassure, *je t'aime, tu mérites d'être en vie, tu mérites d'être aimée.* Petit à petit les bruits du temple me ramènent au présent, je reviens à moi doucement, étourdie, comme revenue d'une anesthésie générale. Doon n'est plus là, je suis seule dans le temple. Je ne sais pas combien de temps a duré ce voyage intérieur. Je prends une grande inspiration et souffle un grand coup par la bouche. Je prends quelques minutes pour digérer tout ça. Je me pardonne de ne pas avoir su m'aimer pendant tout ce temps. Je me sens plus légère, comme libérée d'un poids que je m'imposais à moi-même. Je retrouve Doon et John à l'extérieur du temple en train de fumer des cigarettes. Aujourd'hui j'ai compris qu'il fallait accueillir les pensées qui nous traversent, toutes, les joyeuses et les douloureuses, leur laisser la place dont elles ont besoin. Sinon elles reviendront inlassablement car elles n'auront pas eu suffisamment d'attention.

Chapitre 10

Deuxième jour. Ce matin je me sens plus en confiance, Doon m'offre le café avant de commencer. Je lui offre une cigarette et on s'assied près du feu. Il me demande comment je me sens aujourd'hui. *I'm ok.* Je ne suis pas sûre d'avoir envie de discuter ce matin, je suis comme engluée dans ma tête, pensive et à la fois vide de pensées claires. Doon m'invite à aller méditer, seule, maintenant que je sais le faire. Je m'installe sur les coussins de la veille qui n'ont pas bougé. Je me sens un peu mélancolique. J'ai peur de ne plus y arriver ou de ne pas retrouver l'intensité de la veille. L'intensité de la première fois. La chance du débutant. Je ferme les yeux et je respire. Je me concentre sur ma respiration. Les pensées commencent à affluer. Ça va très vite, trop vite. *Que vais-je faire de ma vie ?* Encore ? Toujours la même rengaine. La question repasse en boucle jusqu'à me rendre nerveuse. Pourquoi suis-je si nerveuse ? Je comprends que c'est parce que j'essaie de répondre à la question. Je n'arrive pas à me concentrer. Je me lève pour marcher, pour me calmer. Petit à petit les choses se clarifient, c'est comme rembobiner le film de ma vie cette fois. J'ai fui loin des miens, loin de tout ce qui me caractérisait. Mais finalement au plus près de moi-même. Ça semble évident tout à coup. J'ai l'impression de me rencontrer pour la première fois. De faire la connaissance d'une fille forte et courageuse, débrouillarde et indépendante. Quelqu'un que jusqu'alors je ne connaissais pas ou que je ne voulais pas voir. Quelqu'un qui mérite ma compassion, mon soutien, un amour inconditionnel. Mon entourage aurait préféré que je rentre dans le système, que je suive sans discuter les traces de ceux qui ont réussi, mais j'ai l'impression de les avoir déçus en partant. J'avais besoin de ressentir la vie en moi. Comment savoir ce qui me correspondra encore dans cinq ou dix ans ? Comment savoir si je ne changerais pas d'avis dans six mois ? A 13 ans on nous demande de choisir une filière adaptée au futur métier que l'on veut faire et on devrait pouvoir donner une réponse précise ? Moi je n'imaginais rien à 13 ans, je voulais seulement être libre. Sans doute mon soleil en Sagittaire. Incapable de me projeter, de m'imaginer avoir 30 ans un jour. Les yeux fermés, je n'ai plus peur. Je réalise que rien n'est plus salutaire que d'écouter ma petite voix intérieure, celle que j'étouffais habituellement par peur d'être différente ou pas comme il faut, de pas coller à ce monde. Je décide de lui laisser de l'espace cette

La première pierre

fois. Les réponses sont là, en moi. *N'écoutez pas tout ce que je vous dis. Faites-en vous-même l'expérience* a dit Bouddha. Après presque deux heures de méditation, je sors du temple, lessivée. Doon me regarde curieusement et me demande où est ce que j'ai appris à méditer. *With you.* Je ne comprends pas la question. Il me sourit en réponse, mais il a toujours son air interrogateur, songeur. Il dit que la première fois les étrangers ont tendance à rire ou à ouvrir les yeux sans arrêt, ils ne savent pas lâcher prise. En y réfléchissant bien je crois que j'ai commencé à méditer à l'âge de quinze ans, ou du moins ce sont les premiers souvenirs que j'en ai gardé. Quand j'ai commencé à aller seule chez mon grand-père sur les hauts plateaux de la Lozère. Je passais mon temps à lire ou écrire, mais j'apprenais surtout à prendre le temps de ne rien faire. Beaucoup de promenades silencieuses, d'escapades solitaires, j'observais la nature qui m'observait. Je comprends à présent que si je me sentais vide toutes ces années, c'est parce que je faisais de la place. Ma mère aussi m'a guidé sur la voie de la méditation. C'est peut-être même elle qui m'a poussé à venir ici, sans le savoir.

J'immortalise mon quotidien par l'écriture depuis que je suis en âge d'écrire et par l'image depuis l'âge de douze ou treize ans, lorsque mes parents m'ont offert mon premier caméscope. Eux-mêmes avaient toujours une caméra ou un appareil photo à la main. L'écriture je crois que c'est une transmission génétique de ma grand-mère paternelle Colette, qui notait tout. Elle notait dans un cahier les résumés de ces conversations téléphoniques ou encore ce qu'on avait mangé au déjeuner, ou bien les personnes qui lui avaient rendu visite et la date. J'aime lire ces notes, regarder ces photos ou vidéos de l'enfance, même si elles me rappellent le temps qui passe, une autre époque, un lieu qu'on a quitté depuis longtemps, des personnes parties pour toujours. J'aime m'emplir de cette nostalgie-là. Je suis quelqu'un de mélancolique. On les retrouve le temps d'un instant et on leur redonne vie. À Colette, à Claude, à Christophe. À tous ceux qui ont marqué nos vies.

Chapitre 11

Je vais régulièrement rendre visite à Doon au temple en dehors de mes heures de méditation, une à deux fois par jours cela dépends du programme et de mon humeur, si je suis d'humeur bavarde ou non et si John est disponible pour m'y emmener en scooter. Doon est devenu un ami, un confident avec qui je partage mes impressions, mes états d'âme. Il m'aide à poser des mots, à clarifier mes pensées, il me guide. Il m'invite, comme chaque jour, à boire son café en sachet et on s'installe dehors autour du feu. Me voyant tout filmer à longueur de temps, il me demande pourquoi je filme tout. J'ai grandis avec le cinéma et avec l'idée de vouloir tout immortaliser. *In march we are going to organize something big for my temple. I would like to make a movie. Do it.* Je crois que c'est un ordre. C'est à cet instant précis que tout a basculé pour moi. C'était une façon pour lui de continuer à faire vivre la culture akha, mais surtout d'attirer plus de touristes ici je crois, pour leur enseigner la méditation. Pour moi c'était le début d'un nouveau chapitre.

Quatre ans après son ordination, Doon a décidé de partir expérimenter par lui-même les enseignements de Bouddha. Il s'est d'abord établi dans un cimetière

La première pierre

pour commencer son pèlerinage, *because it is a discreet place where people rarely go*. C'est alors qu'il a pris conscience de ce qu'étaient les passions que le bouddhisme dénonçait. Ces choses qui nous font perdre le contrôle de nos émotions. À cette époque, le Dharma, cet enseignement de Bouddha, l'a aidé à faire face à ces profondeurs. Après plusieurs années à construire des temples à travers la Thaïlande, il est parti méditer dans le nord pendant deux ans. En traversant la région de Chiang Rai à pieds, une très belle région montagneuse, il a fait la rencontre d'un jeune akha avec qui il s'est lié d'amitié. Doon lui a appris à corriger sa souffrance grâce à la méditation et aux enseignements de Bouddha et le jeune akha l'a invité dans son village. La première fois que Doon a vu Sanjolon Kao, il a trouvé le lieu ravissant, il y avait dans la forêt, une petite maison en bambou, en accord parfait avec la nature et il fut ravi de pouvoir investir cet endroit à l'abri des regards pour méditer. Un mois environ après l'arrivée de Doon au village, le dernier leader spirituel est décédé. La culture akha allait immanquablement disparaître avec lui. Personne n'était en mesure de prendre sa succession et Doon était le seul à pouvoir prier pour les morts durant les funérailles, alors les villageois lui ont demandé de rester. Doon a demandé trois jours de réflexion. Il a accepté la demande des villageois pour les guider. Lui qui ne cherchait rien de plus qu'un endroit tranquille à l'abri des regards, pour méditer en paix, a finalement pris la place du leader spirituel à Sanjalon Kao. Alors il a fait construire son temple dans la forêt, à la place de la petite maison en bambou où il était resté pour méditer. C'était il y a dix ans. Les minorités ethniques de la région, comme les akhas, à l'origine animistes, sont devenus bouddhistes petit à petit, avec la propagation de cette culture en Thaïlande, dû à la pauvreté et aux manquements du système éducatif. La plupart des temples sont nés de cette manière. Les familles envoyaient leurs fils se faire ordonner comme novices pour leur donner la possibilité d'étudier et d'être pris en charge. C'est aussi pour cette raison qu'un grand nombre de chrétiens se sont convertis au Bouddhisme. Les enfants étudiaient jusqu'au secondaire et quittaient les villages qui se vidaient peu à peu, mais en les quittant, ils s'éloignaient aussi des croyances animistes, des traditions et des rituels ancestraux.

La grande question qui me tracasse depuis que j'ai fait la connaissance de Doon et qui me turlupine de toute évidence à l'encontre des moines en général est : qu'est-ce qui pousse à devenir moine ? À se couper du monde, à accepter l'abstinence et le fait de vivre aux dépens des autres, par l'aumône. Je pense que nous avons suffisamment partagé et échangé depuis notre première rencontre pour oser lui poser la question. Ce qui l'a poussé à devenir moine c'est une femme. Une *white woman*. C'est comme ça qu'on nous appelle ici. Ils ont vécu une histoire d'amour intense dans le passé et puis un jour il a appris qu'elle était tombée enceinte. Elle attendait un enfant d'un autre homme. C'est elle qui l'avait initié à la méditation et au bouddhisme et il y a trouvé refuge pour se reconstruire. La boucle allait être bouclé. C'était sans doute une manière de se prouver à lui-même qu'il était capable d'aller au bout des choses. Ça résonne en moi. La douleur peut nous faire faire des choses surprenantes, qu'on n'aurait jamais pu imaginer. Doon devient moine, moi je fais mon voyage et nos routes se croisent sur le même chemin, à la recherche de la même chose, la reconstruction, l'équilibre, la stabilité, la paix intérieure. C'est peut-être pour ça

La première pierre

qu'on s'entend si bien, nos destins se sont croisés ici, dans ce lieu qui a changé nos vies à tous les deux, poussés tous deux par un élan similaire, celui d'apprendre à s'aimer soi-même d'un amour inconditionnel.

Chapitre 12

On se sert à l'avant du pick-up pour descendre en ville en famille. Lorsque l'on est nombreux, généralement pour aller au temple on se disperse. Certains s'installent à l'avant dans l'habitacle et d'autres dans la partie extérieure à l'arrière. Mais pour aller en ville la route est trop longue et le soleil trop chaud, c'est trop peu confortable. On s'entasse donc tous à l'intérieur et on écoute les tubes thaïs à fond la caisse. On s'arrête pour regarder le lac du haut d'un barrage. Çà et là de petites cabanes de pêcheurs bordent les rives du lac et je succombe pour de bon au charme de ce pays. Après s'être suffisamment emplis les yeux de cette beauté et le cœur de ce sentiment de liberté, on quitte le barrage et on se met en chemin pour le marché où la famille se réapprovisionne. De la viande de porc et quelques légumes. En me baladant à travers les allées, je passe devant un stand d'insectes frits où je m'arrête pour acheter une poignée de sauterelles, pour Mana qui adore les criquets. Je rejoins John à l'ombre, posté sur son pick-up et on profite de l'absence de Lia pour boire une bière et grignoter quelques friandises. Celles que je préfère ce sont les bananes et les patates douces frites. C'est différent quand Lia n'est pas là, on se comporte comme deux adolescents qui se demandent quelles bêtises ils vont bien pouvoir faire. John se confie beaucoup. Avant Lia, il a eu une histoire d'amour avec une *white woman*. Lui aussi. Cette femme était venue passer quelques mois au village comme bénévole. John avait dix-huit ans quand ils se sont rencontrés et elle douze de plus. Ils sont tombés très amoureux. John voulait des enfants. Pas elle. Il tenait à ce que ses parents voient ses enfants grandir avant de partir. Alors c'est elle qui est partie, pensant bien faire. Elle lui a demandé de se trouver une femme avec qui se marier pour fonder une famille, réaliser son souhait le plus cher. John en a beaucoup souffert et puis il s'est mis en tête de trouver une femme à marier pour l'enfanter. Au début c'était difficile mais avec le temps ils ont appris à s'aimer avec Lia, comme le veut l'usage. Cette femme blanche est devenue une amie de la famille. Je ne sais pas si Lia est au courant de leur passé commun. Encore aujourd'hui, chaque fois qu'il la voit, son cœur se met à faire *boum boum*.

En fin de journée, lorsque le ciel s'assombrit et que l'air devient plus léger on s'installe dans la cour et John met de la musique. De la musique commerciale thaïlandaise ou bien Queen, qu'on adore tous les deux. Qui aurait cru qu'on écouterait Queen en buvant des bières jusque dans les montagnes thaïlandaises en 2016 ? Ici on vit le moment présent, il n'y a pas de place pour le passé ou pour le futur qui n'existent plus ou pas encore. La notion de temporalité ne les dépasse pas. Ils ne se demandent pas constamment s'ils sont heureux, contrairement à nous, qui à force de nous le demander, trouvons toutes les raisons de ne pas l'être. Ils vivent avec leurs émotions et ils avancent. Ils ont bien compris, peut-être grâce au bouddhisme, que seul le changement est constant, que la vie est mouvement. Leur force et leur courage me touchent. J'offre le sachet d'insectes à Mana. Elle le refuse en riant. On les mangera à l'apéro avec John.

La première pierre

Chapitre 13

On passe la journée au bord de la rivière de Mae Suai. Pendant que Mana, John et leurs amis vont et viennent avec leurs filets je m'occupe de Mido. On joue dans la rivière fraiche et par moment on les rejoint pour les observer traquer les poissons. Après un long moment à barboter je sors Mido de l'eau, elle claque des dents. En remontant la pente, mon pantalon craque, de l'entrejambe jusqu'aux genoux. J'attends patiemment que tout le monde revienne pour déjeuner, je reste assise et n'ose plus bouger. John me prête son pantalon et je vais me changer dans la voiture. Je reviens déguisée en John et ça le fait beaucoup rire, sauf que son pantalon me moule et je me sens nue quand je sens son regard sur moi. Je reste assise toute l'après-midi. On étend une natte, on fait griller le butin et on prépare le déjeuner quand une averse s'abat sur nous. On se réfugie vite sous le pont qui surplombe la rivière pour déjeuner à l'abri en attendant que ça passe. Quelle journée !

Dernière soirée. Mon séjour chez les akhas prend fin. John dit qu'il aimerait venir me rendre visite à Paris dans trois ou quatre ans, c'est le temps qu'il lui faudra pour économiser suffisamment d'argent pour se payer le billet d'avion. Ça me fait l'effet d'une bombe.
Leur accueil, leur générosité a transformé le regard péjoratif que je portais sur l'Humanité. Il existe des personnes prêtes à partager le peu de choses qu'elles possèdent. Je les quitte en leur disant *See you next year*, en espérant que ce séisme émotionnel et cet attachement si soudain et si fort ne sont pas une simple illusion. Je ne peux pas m'empêcher de me demander si cet engouement restera si puissant après le passage inévitable du temps. J'ai peur d'effacer ces moments de ma mémoire, de les laisser sombrer dans l'obscurité du passé qu'on laisse derrière soi. Comme après un retour de vacances, de les remplacer par d'autres souvenirs et de les abandonner à leur sort comme je le fais toujours. À chaque retour à Paris, à chaque retour dans cette réalité qui m'aspire.

J'ai du mal à redescendre de la montagne. La platitude des villes m'indiffère. Les métropoles me font peur avec toute leur agitation anxiogène, leurs pollution sonore, lumineuse et odorante. La surpopulation et le manque de cohésion et de solidarité me dégoute. Je veux les fuir. Je me perds dans l'effervescence citadine, je n'y ai plus de repères. La nature et la sobriété me manquent. Je veux rester dans ma bulle, coupée du monde, de cette réalité qui ne me correspond pas. Je me sens épuisée par cette modernité dont je m'étais détachée. Je me sentais importante chez les akhas, ici je ne suis rien, je ne suis personne, ma vie devient sans importance. Est-ce que c'est ça un « burn out » émotionnel ? Je n'arrive plus à réfléchir. Ce n'est pas du tout l'effet que je ne recherchais en partant ni le résultat que j'imaginais. Il me faudra du temps pour digérer cette expérience. Il y a une multitude d'échelons à gravir avant de trouver l'équilibre, d'atteindre les premiers paliers de la « paix intérieure ». C'est un chemin sinueux, escarpé, au ras des falaises, des précipices, à l'image d'un paysage montagnard, comme un col difficile à atteindre, à l'image de la vie des montagnards. Et de la vie tout simplement.

La première pierre

Chapitre 14

Paris, septembre 2016.
Je suis perdue. Comment donner un sens à tout ça. Après trois mois de voyage en Asie, il y a une nette évolution entre le moi d'hier et celui d'aujourd'hui. Comment se réapproprier son monde après avoir fait un voyage considérable en nous même, quand tout a été bousculé à l'intérieur tandis qu'ici rien ne semble avoir bougé ? J'étais à des années-lumière d'imaginer que ce voyage bouleverserait tous mes plans. Avant de partir je m'étais inscrite à l'université après avoir fait de nombreux tests d'orientation pour trouver ma voie. Je n'en étais déjà pas très convaincue mais maintenant j'en suis certaine, je n'ai plus aucune envie d'aller passer ma journée enfermée dans une salle de classe. Je n'ai jamais aimé l'école de toute façon, ça a toujours été une source d'angoisse pour moi. J'allais à l'école la peur au ventre. Je me suis rendue compte en arborant cette nature sans limites, qu'on passait notre vie dans des boites. Pierre Rahbi explique très justement cette idée de vivre enfermé toute sa vie. *L'être humain est-il libéré ? Puisque de la maternelle à l'université on est enfermés, les jeunes appellent ça le bahut d'ailleurs, ensuite tout le monde travaille dans des boites, grandes ou petites, pour s'amuser on va en boite, on y va dans sa caisse et ensuite on a la boite à vieux en attendant la dernière boite. Si ça c'est un programme libérateur alors c'est que je n'ai pas compris ce que voulait dire la liberté.* [5] Voyager ce n'est pas la *vraie vie* me dit mon père, alors je crois que je ne saisirais jamais ce que veut dire la *vraie vie* des gens normaux. J'ai un besoin de mouvement permanent, de fuir la routine et les habitudes dès qu'elles sont trop installées. Je me lasse de tout. J'ai une soif avide de nouveauté, de me laisser surprendre, d'apprendre, c'est ça qui me fait me vibrer, me sentir en vie, c'est comme ça que je sens l'énergie vitale me traverser. Je finirais bien par trouver un équilibre. *N'est-ce pas ?* Quitte à les décevoir je choisis de m'écouter. Je coupe le cordon pour voler de mes propres ailes et tant pis si j'y perd des plumes.

---

[5] Extrait d'une interview de Pierre Rhabi pour https://enquetedesens-lefilm.com/

La première pierre

Deuxième partie

Chapitre 15

Mars 2017,
Un an est passé. Avec l'expérience on apprend que lorsqu'on fait des rencontres en voyage, quand on se quitte et qu'on se dit *À bientôt*, en réalité on se dit *Adieu*. Pas cette fois. Difficile d'expliquer la différence entre cette rencontre et les autres. Quelque chose d'indicible m'unissait à eux à présent. L'heure des retrouvailles avait sonnée. Je suis de retour chez les akhas. J'ai tenu ma promesse à moi-même.

Le bus s'arrête à Mae Suai, il fait nuit. J'attends qu'on vienne me chercher devant le 7eleven, chaine de supermarché que l'on trouve en Asie. Je suis fatiguée mais l'adrénaline me tient éveillée. J'ai hâte de les retrouver. Tant que je ne les verrais pas là devant moi, j'aurais du mal à réaliser que je l'ai fait, que je suis revenue un an après notre première rencontre. Un 4x4 se gare sur le parking du magasin. J'aperçois Agna et Mido qui me scrutent sur la banquette arrière, les visages collés à la vitre. Un frisson me traverse le corps de haut en bas, ma gorge se serre.
L'émotion des retrouvailles. Je n'ai plus aucun doute. Je cours jusqu'à la voiture et je les sers dans mes bras. Je ne suis pas certaine que Mido se rappelle de moi mais elle se laisse faire. La portière avant s'ouvre et John sort de la voiture une cigarette à la bouche. On se salue et je m'installe à l'avant. On part pour le village. Je suis émue de retrouver Mana. On se sert fort. Je me sens faire partie de sa famille.
Je pensais que je retrouverais un sentiment proche de celui de se sentir comme

La première pierre

chez soi, si je puis dire, comme si ce lieu et moi nous étions apprivoisés. Mais je comprends que je m'étais trompée, dès les premières minutes, que rien ne reste figé et qu'il n'y pas d'acquis. Les choses sont en perpétuel mouvement, d'autant plus qu'il y a trois paramètres à prendre en compte, moi, eux et nous. J'ai seulement un vague impression de déjà vu, cette impression qui superpose une couche invisible à la réalité mais qui n'est pas assez solide pour s'y accrocher. La première fois que j'ai ressenti cette impression de *déjà-vu* c'était l'été de mes six ou sept ans, en Espagne.

C'était toujours le même rituel, ça je m'en souviens bien. Antonio nous attendait à l'aéroport. C'était le chauffeur de taxi de la famille, il avait une de mes tétines de bébé suspendue à son rétroviseur d'ailleurs. Il nous déposait toujours devant la grande arche qui s'ouvrait sur les petites ruelles de la vieille ville d'Altea, tout en haut de la colline. Là, je reconnaissais les ruelles qui menaient jusqu'à notre maison, le tabac et la boulangerie où j'achetais des chewing-gums en forme de pastèque, tout de suite sur la droite, la pizzeria « Stromboli » un peu plus loin et puis notre maison tout au bout de la rue Santo Domingo, cachée sous le mur de jasmin, d'hibiscus et de bougainvilliers. Je reconnaissais les visages des fillettes avec qui je jouais les années précédentes mais je ne me souvenais plus de leurs prénoms, Zaskia, Maria, Laura et Anna. Je savais que je connaissais ce lieu, je le ressentais, j'y étais déjà venue mais je n'avais aucun souvenir auquel me raccrocher, ils s'étaient effacés de ma mémoire et je ne savais pas comment faire pour les ressusciter. C'était un nouveau départ. Ça me fait penser à une phrase de Bouddha que je me répète souvent quand je perds pied : *Il n'existe rien de constant si ce n'est le changement.* Bien que la fraicheur, l'ignorance, l'ambiguïté d'une première fois ne s'oublient pas et ne se remplacent jamais.

L'an dernier, lors de mon vingt-quatrième tour autour du soleil pour être précise, je vivais le début de ma deuxième transformation importante, mon deuxième saut quantique, je commençais à devenir moi, enfin. Cela m'a demandé beaucoup d'efforts. La première transformation, du moins la dernière en date dont je me souvienne avait eu lieu à mes vingt ans, quand j'ai compris que je n'étais qu'un pion parmi d'autres, autant que quand on prend conscience que ce n'est pas le soleil qui tourne autour de nous mais nous qui gravitons autour de lui. Cette prise de conscience brutale fut le commencement de toute chose, de ce cheminement vers moi et cette quête, trouver ma place dans le monde. Loin de ce premier voyage où on lâche les amarres, pendant lequel j'étais vierge, pendant lequel je n'avais qu'à me laisser emplir, qu'à combler les fissures par toute cette magie de la première fois. Ce deuxième voyage pourrait être comparé à l'éclosion, la transformation de la chrysalide en papillon. Je possède des ailes à présent mais je ne sais pas encore m'en servir. C'est pour cette raison que je suis revenue je crois. Je voudrais le reprendre là où je l'ai quitté, à ce moment précis du voyage où les choses deviennent si évidentes, où l'on commence à comprendre et assimiler, à se laisse vivre. Là où tout se joue.

Les choses ne sont pas aussi simples que je les imaginais, j'ai l'impression de repartir à zéro, avec de nouvelles angoisses, celles du changement, de la disparition, de l'oubli, pour laisser place au renouveau, à l'inconnu de la nouveauté. Piqure de rappel. *Insignifiance du passé et du futur et existence seule du présent.* Je pensais pourtant l'avoir déjà assimilé. Deuxième piqure de rappel.

La première pierre

Rien n'est jamais acquis. Tout se rejoue continuellement. C'est ça la vie. Ici j'ai le temps et l'espace nécessaire pour écouter ce qu'il se passe en moi. Accueillir mes ambitions, les laisser vivre, se développer, les accepter. Je ne me protège plus, j'ai baissé les armes, car personne ne peut me juger à part moi -même.

Doon m'a demandé de revenir filmer le mois anniversaire des dix ans du temple. Pour l'occasion une centaine de moines sont attendus à Sanjalon Kao. Ils vont prier. Doon a prévu une marche à travers la région. Ils iront de temples en temples où ils camperont et moi je les suivrais en voiture avec John pour les filmer durant la journée et nous rentrerons au village le soir.

Chapitre 16

Nous avons accompagné les moines sur la route ce matin. Ils s'arrêtent dans les villes et villages pour faire l'aumône. Un homme alerte en amont les villageois du passage des moines à l'aide d'un microphone. Les villageois affluent avec des sacs entiers de denrées qu'ils offrent aux moines. Les moines handicapés, malades, blessés ou trop âgés suivent le cortège assis à l'arrière des voitures qui les suivent. Il y a aussi un groupe de novices, orphelins pour la plupart, qui ont entre huit et douze ans, à l'arrière du cortège. Nous les suivons durant de longues heures. Ils marchent des kilomètres et des kilomètres sous le soleil brulant et s'arrêtent de temps en temps à l'ombre des arbres pour se désaltérer et reprendre des forces. La marche durera environ quatre jours. Ce soir ils s'arrêteront dans un temple pour dormir et demain matin dès l'aube ils repartiront de plus belle.

Chapitre 17

Miné, la nièce de John a vingt-trois ans et fait ses études à Chiang Mai. Elle vit entre deux cultures, la culture traditionnelle akha et la culture thaïlandaise moderne des grandes villes. Elle est très connectée au monde grâce aux réseaux sociaux sur lesquels elle publie quotidiennement, des recettes akha ou bien des selfies. Elle vient régulièrement au village rendre visite à sa grand-mère paternelle qui possède la plus grande maison du village, construite par son beau-père suisse, le mari de son père. En Thaïlande les couples homosexuels sont bien intégrés dans la société. Son père a quitté le village pour plus de confort et de modernité en s'installant à Chiang Mai où il a ouvert une épicerie. Sa mère vit toujours au village et elle s'est fiancée il y a peu de temps avec un Birman. À cette occasion, une fête est organisée. J'ai la chance de pouvoir filmer les préparatifs. Ces cérémonies demandent beaucoup de travail et de mains d'œuvre, c'est pourquoi la famille, les amis et les voisins mettent la main à la pâte. John m'a donné rendez-vous à l'aube pour que je puisse assister à tout le processus. À cinq heures du matin les hommes se sont réuni pour tuer le cochon. C'est un moment insupportable mais je filme tout. Ils le découpent en morceaux, puis haché menu et enfin ils le préparent à la cuisson. Tout est bon dans le cochon, même le sang cru. Pendant ce temps la mariée fait cuire des kilos et des kilos de riz et les femmes assises par terre devant la cuisine préparent les accompagnements. Les enfants arrivent les uns après les autres, les

La première pierre

plus jeunes trainent dans les pattes de leurs parents qui cuisinent, tandis que les autres jouent un peu plus loin sous la surveillance des adolescents. On mange sur les coups de midi. J'ai le ventre creux à force de fumer des cigarettes avec John depuis l'aube. Dans la maison les vieilles femmes sont d'un côté, les hommes de l'autre, moi je suis dehors avec les enfants. Je suis fatiguée et ça m'évite le doute ou la gêne de ne pas savoir où me mettre.

Miné est au village pour dire au-revoir à sa famille. Elle quitte la Thaïlande pour aller faire fille au pair aux États-Unis pendant un an ou plus. Son père est très fière d'elle et il se vante d'avoir une fille aussi indépendante. Sa grand-mère en revanche vit très mal le départ, elle aurait préféré que Miné reste au village pour continuer de s'occuper d'elle comme elle le faisait, lui préparer le thé le matin, cuisiner avec elle, lui tenir compagnie, lui faire la conversation, la faire rire. Miné me dit qu'elle aime sa grand-mère plus que tout au monde mais qu'elle a fait son choix, celui d'aller découvrir le monde. Même si c'est loin de sa famille. La plupart des jeunes du village s'en vont faire leurs études ou travailler à Chiang Mai ou Bangkok à la recherche de modernité et de liberté. Je suis venue chercher les traditions et la liberté sur une terre que les jeunes akhas cherchent à quitter.

Pour célébrer son départ, une cérémonie rituelle est organisée chez sa grand-mère. On tue encore un cochon. On le découpe, on le prépare, on le cuisine, on le mange. C'est leur manière de se réunir pour célébrer, pour marquer les étapes de la vie. Je pense à mes grands-parents que j'ai laissé pendant ce voyage, les reverrais-je ? À ma belle-sœur qui va accoucher pendant mon absence de son premier enfant et à mon chat vieux de dix-sept ans qui vit ses derniers jours. Les choses auront changé à mon retour je le sais, le monde continue d'avancer et la vie suit sa course, sans moi. Où en sera ma vie quand je rentrerais ? C'est sans doute les questions que Miné se pose à cet instant précis lorsqu'elle verse l'eau sacrée sur les mains de sa grand-mère. Les au revoir sont déchirants, elles ne savent pas si elles se reverront un jour.

J'aimerais tellement pouvoir communiquer autrement que par les yeux avec Mana. Elle a tellement d'enseignements à me transmettre. Les échanges, ces moments privilégiés, même fugaces, suffisent à nous unir et à renforcer ce fil invisible qui nous lie comme une mère et une fille. Je pense à ma mère, la merveilleuse femme qui a partagé son corps avec moi, durant neuf longs mois. La femme qui m'a toujours soutenue. Être loin d'elle me permet de me rendre compte de la puissance de notre lien, de notre amour inconditionnel et infini. Mes parents sont tout. Mais il y a toujours cette pudeur qui m'empêche de leur dire. Enfant on passe notre temps à solliciter nos parents, trouver des stratagèmes pour attirer leur attention. Pour qu'ils nous aiment. On a besoin d'être rassuré en permanence car c'est leur amour et leur regard qui nous rendent plus fort, qui nous maintiennent en vie. Puis il arrive un âge où l'on cherche à voler de nos propres ailes et cela implique parfois de prendre de la distance et même de fuir leur amour et leurs attentes trop lourdes. Flashback. Aéroport de Roissy Charles de Gaules. Ma mère est debout devant moi et je ne sais pas comment lui dire merci. *Merci d'être là, merci d'être toi.*

Chapitre 18

La première pierre

Le soleil à peine dévoilé, j'accompagne Lia qui va déraciner du manioc pour trois francs six sous. C'est un cortège de femmes. Un homme nous conduit jusqu'au champ et nous y laisse jusqu'à ce que suffisamment de sacs soient remplis de tubercules. Ces moments me font relativiser et je me dis que j'ai beaucoup de chance d'être bien née. Lia est née dans un village similaire à quelques kilomètres de là puis elle a travaillé à Bangkok quelques années. Je me demande comment elle vit cette vie au village, éloignée de la modernité de Bangkok, si elle la regrette. Elle ne parle pas anglais alors on ne communique pas beaucoup. Je me demande parfois si ma complicité avec John la dérange. Je sens ses regards curieux et ça me fait de la peine, je me sens coupable. Coupable de ne pas avoir été plus solidaire malgré la barrière de la langue et égoïste de lui avoir exposé ma liberté et mon indépendance sans imaginer ce qu'elle pouvait ressentir.

Sa sœur cadette est venue leur rendre visite au village pour les fêtes de fin d'année du calendrier bouddhiste. Elle est arrivée de Mae Suai où elle étudie, au volant de son scooter. Elle n'est toujours pas mariée et n'a pas l'intention de se marier d'aussi tôt. Seules quelques années les séparent et pourtant tous les oppose. Est-ce que c'est une question de génération, comme l'illustre bien la théorie des générations Y et Z ? Est-ce une question de position au sein de la famille ? Leurs vies sont si différentes, leurs physiques le prouvent d'ailleurs. Lia a une allure de villageoise qui travaille la terre, elle a la peau bronzée, pas de style particulier et le corps d'une mère de trois enfants. Sa sœur est menue, elle a la peau très blanche, elle a l'allure d'une citadine tendance, maquillée et apprêtée.
On a passé du temps toutes les trois, sa sœur parle anglais et elle m'a permise d'échanger avec Lia pour la première fois. Lia rêve d'avoir un scooter pour être plus indépendante, se sentir libre et ne plus dépendre de John. Mais selon John, Lia doit rester à la maison avec Mana et s'occuper des enfants. Je repense à ce qu'il me disait à propos de l'égalité homme/femme.

On prend la route avec John. Je m'allonge à l'arrière du 4x4 pour profiter du vent et du paysage. En chemin pour rejoindre les moines je sens tout à coup une sorte de décontraction en moi, quelque chose a lâché. *Oups. Mes lunes.* Au bout de vingt interminables minutes à prier pour que ça n'ait pas transpercé mon pantalon gris clair, on s'arrête enfin dans une boutique de bord de route pour acheter des cigarettes. On me donne accès aux toilettes qui sont à l'arrière de la boutique. La porte ne se ferme pas et seule la lumière du jour éclaire la petite cabine délabrée. Je passe les détails. C'est toute une aventure d'être une femme menstruée en voyage, on est réduite à des conditions médiocres, souvent à des chiottes dégueulasses sur le bord de la route et nulle part où jeter ses protections hygiéniques, qu'on doit cacher comme on peut, souvent dans sa poche. On ne peut pas se plaindre de nos douleurs, on doit garder la face, parce que ça dégoute les hommes ou parce qu'on passerait pour des chouineuses. On devrait avoir honte de nos règles. Se cacher. S'adapter. Rester silencieuse sur ce que l'on endure chaque mois. Malgré le fait que ça concerne la moitié de la planète. Je me demande comment font les femmes ici, si elles ont accès à des protections hygiéniques et si c'est aussi tabou qu'ailleurs. Si c'est comme en Inde où les

La première pierre

femmes doivent se retirer dans une maison isolée le temps des menstruations pour ne pas contaminer les autres de leur sang impur.

Chapitre 19

C'est le dernier jour. On retrouve les moines qui continuent leur marche. Je relativise et je me sens chanceuse d'avoir pu partir, d'avoir pu me libérer du poids de mon quotidien pour aller découvrir le monde. La route qui défile, le corps en mouvement. Je me sens en vie. On les attend dans la cour du temple doré, c'est la dernière étape avant de rentrer à Sanjolon Kao.

Songkran a lieu pendant le nouvel an bouddhiste, basé sur le calendrier lunaire. C'est la fête de l'eau. Durant cette fête chacun-e rend visite à sa famille, les jeunes rentrent au village pour honorer les anciens. En marque de respect ils doivent verser de l'eau parfumée sur les mains de leur aïeux. La tradition s'est peu à peu transformée jusqu'à devenir une sorte de bataille d'eau géante à travers tout le pays. Même les touristes y prennent part. Des jeunes se mettent à l'arrière des pick-up et renversent des bidons d'eau sur votre passage, certains vous arrosent au jet d'eau, il est presque impossible d'y échapper pendant les trois jours des festivités. Comme chaque année Lia et ses sœurs tiennent un stand au bord de la rivière qui traverse Mae Suai. Elles vendent des boissons et de la nourriture. Les familles pique-niquent, les enfants se baignent dans la rivière sur de grosses bouées noires, on boit de la bière ou du whisky, on mange du poisson grillé à la croûte de sel, des brochettes de porc ou de tofu, des salades de papayes, de mangues vertes et de crabes, des desserts gluants couleur arc-en-ciel, jusqu'au crépuscule.

Chapitre 20

Chaque heure passée au temple est précieuse. Je m'installe dehors et j'observe les moines et les villageois. J'apprends la patience et le silence. Rester là, immobile, ne rien faire de spéciale. Profiter du moment présent.
Pour atteindre une certaine forme de sérénité c'est plus immédiat quand j'ai accès à la nature, à la pureté. Là où l'horizon est sans limites. Là où mon regard peut vagabonder, imaginer, faire son propre voyage. Cet horizon infini me donne la sensation de tous les possibles. Mon esprit s'évade. Ici ce sont les cicatrices de la terre qui sculptent le paysage en relief, les montagnes. Ce décor me rappelle la terre de mon grand-père paternel, la Lozère. Lieu reculé qui m'a aidé à m'épanouir, propice à l'introspection et à la sérénité, idéal pour se retrouver et dialoguer avec soi-même, loin des dictats de la société, loin des obligations et contraintes quotidiennes. Au-dessus des nuages, on a une perspective différente sur le monde, on a plus de recul. Dans ces lieux les mots prennent un autre sens, *retard* et *pressé* n'ont plus aucune valeur. Les montagnes m'ont appris à aimer le silence et à ne plus le craindre. C'est une source d'inspiration pour moi quand c'est un simple lieu de passage pour d'autres. Être loin des gens qu'on aime ce n'est pas être seul, c'est être avec soi et développer une nouvelle conscience sur les choses. Voir ce même paysage tous les matins en sortant de ma chambre ne me lasse pas. Je crois qu'on ne se lasse jamais de la fugacité de ces petits instants de bonheur.

La première pierre

Finalement, ce qui constitue l'ossature de l'existence,
ce n'est ni la famille, ni la carrière,
ni ce que d'autres diront ou penseront de vous,
mais quelques instants de cette nature,
soulevés par une lévitation plus sereine encore
que celle de l'amour,
et que la vie nous distribue
avec une parcimonie à la mesure de notre faible cœur.[6]

Je prends le temps chaque jour pour observer ce spectacle merveilleux et faire le vide. Les villages lointains dans la vallée renaissent sous cette ligne bien tracée d'épais nuages cotonneux, qui s'évaporent imperceptiblement pour laisser place aux douces ondulations des montagnes. Pendant de longues minutes le ciel et la terre se confondent en une seule et même ligne, comme dans les peintures de Turner.

Les akhas sont aussi appelés les « errants de la forêt ». La faune et la flore de ces montagnes sculptent leurs vies. Animistes, pour eux les esprits vivent en chaque chose, tout ce qui les entoure en possède un, la forêt, les feuilles, les cailloux, la pluie. Dans ces zones enclavées, isolées du reste du monde, rien ne sert de se protéger, il faut laisser tomber son armure, son bouclier, tout son attirail de protection. On n'a pas d'autre choix que de se mettre à nu et s'ouvrir à l'inconnu pour entrer en contact avec les montagnards, se faire accepter d'eux. Le seul regard qui compte c'est notre propre regard sur nous-mêmes. Les akhas sont conscients qu'ils sont vulnérables face à la toute-puissance de cette nature incontrôlable mais c'est aussi leur force. Ils la couvrent d'offrandes, mais leurs rapports ne sont pas simples et équilibrés pour autant. Il peut y faire très chaud et sec durant la saison sèche, comme très froid et très humide pendant la mousson. Les conditions peuvent y être très rudes et il faut se réadapter à chaque saison. Malgré ça, les habitants des montagnes nourrissent un amour profond pour celle qu'on appelle la Terre Mère.

Nous prenons une bière sur la place du village. Je m'isole sur les marches et John reste à la terrasse de l'épicerie. On a pris nos distances ces jours-ci, ça devenait un peu étouffant. Un jeune moine et une jeune femme de mon âge viennent me tenir compagnie. On discute en anglais. Le jeune homme est très maniéré et très drôle. La jeune femme est plus discrète, elle vit à Chiang Mai où elle fait des études en botanique, mais elle vient de temps en temps au village pour rendre visite à sa fille de deux ou trois ans. Elle me la montre du doigt, en train de jouer avec les autres enfants. Ce sont ses parents qui élèvent sa fille, le père de l'enfant a quitté le village et ils ne sont plus en contact.

Chapitre 21

Doon a fait creuser des terrasses sous le temple pour installer les cent-quatre-vingts moines. Il a fait installer des néons pour les éclairer et il a même établi un programme strict. Chaque jour une dizaine de villageois, hommes et femmes,

---

[6] Bouvier Nicolas, *L'usage du monde,* 1963

La première pierre

sont appelés au temple pour remplir leurs missions, aller chercher les moines en ville, cuisiner pour eux ou bien les servir au déjeuner. À quatre heures chaque matin, alors que le village est encore endormi, l'appel à la prière retentit dans tout le village à travers les microphones du temple. Je l'entends de ma cabane et elle donne à mes nuits une dimension mystique. Chaque matin à l'aube je suis au pied de grue, ma caméra à la main. John m'emmène en scooteur. Les moines se retrouvent pour méditer dans l'obscurité enveloppante de la nuit pendant que les villageois s'agitent pour préparer leurs repas éclairés par leurs lampes frontales ou les torches de leurs téléphones. Les moines ne mangent qu'une à deux fois par jour selon s'ils sont en ville ou en forêt, selon l'effort fourni et jamais aprèsmidi. Ils sont végétariens car ils refusent de manger ce qui a nécessité la souffrance d'un être vivant. Bouddha mangeait de la viande en cas de nécessité seulement. Dix animaux sont interdits car ils sont considérés comme sacrés. L'humain, le chien, le cheval, l'éléphant, le léopard, le tigre, le lion, l'ours, la hyène et le serpent. Cependant, les moines doivent accepter tout ce que les laïcs leur offrent, sans trier et ici au village le porc est un des aliments de base.

Ce matin c'est cette palette de couleur éclatante qui me bouleverse, du rouge feu de la terre au vert impérial des arbres jusqu'au bleu azur du ciel. Je suis de l'autre côté de la terre à plus de dix mille kilomètres de chez moi. Nos vies, nos cultures et traditions sont très éloignées et pourtant nous sommes liés. Je me sens proche d'eux, comme si on s'était toujours connu, peut-être nous sommesnous connus dans une vie antérieure. Je suis la somme de toutes les personnes que j'ai été et de celles que j'ai rencontré.

Chaque jour je passe quelques heures au temple avec ma caméra. Je filme leur rituel, je m'immisce dans leur intimité, je filme leurs vrais visages. Pianotant sur leurs téléphones portables, mangeant du porc, fumant des cigarettes ou encore se faisant tatouer sous l'œil désapprobateur de Doon. Il y en a même un qui porte un tatouage des Pink Floyd sur le bras gauche. Il pose pour moi avec joie. Au milieu de ces quelques deux-cents moines j'ai du mal à prendre ma place. De part ce rôle intrusif que je tiens, mais également parce que je suis la seule femme à me tenir si proche d'eux. Ils n'ont pas le droit de toucher les femmes, si je tends à l'un d'eux un objet il doit le refuser, je dois leur faire circuler par un villageois ou bien le poser afin qu'il puisse le prendre. Certains moines s'écartent de deux mètres sur mon passage, à croire qu'être une femme est une maladie contagieuse. Je dois garder la face et rester concentrée sur ma tâche alors je choisis de faire abstraction. D'autres au contraire s'approchent et me scrutent avec une curiosité étonnante. Je reçois même des demandes en ami sur Facebook ou Instagram. Je n'essaie plus de comprendre. Je le fais pour Doon. Les questions et les révoltes pour plus tard. C'est cette notion de respect, de distance à garder qui réduit mes tentatives d'approche. Je ne voudrais pas avoir l'air intrusive ou sans considération pour leurs principes. Je suis consciente que chez les bouddhistes, la femme possède un corps impur. En parti à cause de ses menstruations. Je tiens à rappeler, pour quiconque ne le saurait pas, que les menstruations sont le signe d'un corps fertile et en bonne santé. Apte à porter la vie. Le corps se prépare à une possible fécondation chaque mois. Les règles sont un nettoyage naturel et automatique des parties génitales de la femme lorsque la procréation n'a pas eu lieu. N'est-ce pas fantastique ? Le corps se purifie sans

La première pierre

l'aide de personne. Et sans nous les femmes, pas d'Humanité, mais ça, ça semble échapper à l'autre moitié de l'humanité.

*Si tu diffères de moi, mon frère,
loin de me léser, tu m'enrichis.*[7]

J'apprends à mettre de côté ma colère, mon sentiment d'injustice et mon féminisme. À faire que mes pensées me traversent seulement en leur laissant un passage. À devenir imperturbable. Et à prendre le temps de ne rien faire, sans me juger ou me culpabiliser. Car je sais maintenant que ne rien faire c'est déjà faire quelque chose.

Chapitre 22

D'une année à l'autre je note des changements importants au village. Une antenne a été installée sous la maison et j'ai du réseau quasiment partout à présent. Les nouvelles technologies arrivent enfin jusqu'ici. Cette fois j'ai besoin de rester en contact avec l'extérieur, de partager ce que je vis et d'être soutenue par ma famille et mes amis. Je séjournerais au village durant cinq semaines au total. Maintenir le contact avec la France m'aide à garder le cap et ne pas m'isoler du reste du monde.
Avant de s'épanouir il faut commencer par toucher le fond. Comme une fleur qui éclos, sortir des profondeurs de la terre. Le spirituel se développe et mon corps en pâti, c'est comme s'il résistait au changement. Comme si une partie de moi retardait cette ouverture d'esprit, appréhendait sa puissance. Je sens que des tas de bouleversements se bousculent en moi, que quelque chose est en train de changer mais je ne peux pas le nommer car je le comprends pas encore tout à fait. Le temps passe si vite et si lentement à la fois, la notion même de temps m'échappe, me glisse dessus et je ne peux pas le retenir. Comme si je l'avais lu dans les livres mais que je ne l'avais jamais vécu. Le décalage horaire avec la France me donne la sensation que plusieurs espace-temps existent, que je vis dans le présent et eux dans le passé, que j'ai un temps d'avance sur la France comme si j'avais fait un bond dans un futur qui n'existe pas encore.

J'ai de la fièvre. Je suis très faible depuis hier, je ne supporte plus la chaleur, j'ai la peau qui pique, qui brûle. Je ne peux plus rien avaler, j'ai l'estomac noué. Je ne tiens pas debout, mes jambes se sont transformées en chewing-gum et je me sens lourde. Je n'arrive plus à me concentrer, ni à parler. J'ai passé la journée à faire d'atroces cauchemars, sans savoir discerner le vrai du faux, sans rien maitriser. Je crois que j'ai la dengue.
John est venu me sortir du lit dans l'après-midi. Il y a une cérémonie importante au temple et je dois m'y rendre. Je n'ai pas un moment de répit. Même souffrante. Au travail. Mon état ne me le permet pas pourtant, je suis bien trop faible. Mais John a insisté et a eu raison de moi, je ne pouvais pas rater ça. Il fallait que je filme cette cérémonie, je ne pouvais pas faillir à ma mission. Il s'agissait en effet d'une cérémonie des plus importantes. On m'a fait mettre un t-shirt blanc et on est parti à pied avec toute la famille. L'ascension vers le temple

---

[7] Antoine de Saint-Exupéry, *Citadelle*, 1948

La première pierre

fut un vrai cauchemar, j'avais l'impression de me battre contre l'air, contre le sol, contre les éléments, contre mon propre corps qui ne parvenait même pas à me tenir debout quelques heures plus tôt. Mes jambes me soutenaient difficilement, j'avais des sueurs froides puis des bouffées de chaleur, des courbatures. Faire un pas devant l'autre m'apparaissait tout à coup comme un effort surhumain. Je ne sais pas où j'ai trouvé cette force, il faut croire que j'avais les ressources en moi.
Arrivés au temple, quelque chose d'étonnant était en effet en train de se produire. Était-ce une hallucination due à la fièvre ? Il y avait une toile d'araignée géante, un fil blanc reliant les arbres entre eux et formant une sorte de quadrillage, tout le long des terrasses consacrées à la prière. Entre les fils blancs, chacune des rangées correspondaient à un jour de naissance, du lundi au dimanche et chaque jour correspondait à une couleur. Lundi jaune, mardi rose, mercredi vert, jeudi orange, vendredi bleu, samedi violet et dimanche rouge. Des bougies de couleur étaient distribuées à l'arrivée. Une par personne. Les villageois s'installaient, assit dans la rangée qui leur correspondait, portant la couleur qui leur correspondait. Je remarquais que le blanc qui ne correspondait à aucun jour de la semaine était pourtant la couleur prédominante. Mana, Lia, John et moi étions en blanc. Était-ce la couleur des endeuillés ? Les moines les plus anciens étaient assis aux extrémités des rangées et nous entouraient. Les novices étaient regroupés sur les côtés. Après de longues minutes à chercher sa place, chacun s'est accroupi ou mis à genoux et a attrapé un bout du fil blanc relié à la structure principale suspendu au-dessus de nos têtes, elle-même reliée aux arbres et à la statue de Bouddha qui surplombait l'assemblée. Il fallait enrouler le fil autour de nos têtes pour se connecter les uns aux autres et se connecter aux moines. La cérémonie pouvait enfin commencer. Les moines allaient prier pour nous.

La cérémonie a duré presque deux heures. C'était long et je m'endormais la tête sur les genoux, dans une posture pas très monacale. John me tapotait l'épaule pour m'éviter de sombrer trop profondément. Je reprenais la caméra. Une fois le rituel accompli, on a allumé des bâtons d'encens. Des jeunes gens sont passé dans les rangs pour brûler les mèches de nos bougies, les unes après les autres. C'était beau. Les petites lueurs chaleureuses se mettaient à illuminer les visages, comme des petites lanternes redonnant du sens dans l'incertitude de la nuit. Ensuite, la tradition veut que des moines nous aspergent d'eau bénite à l'aide d'un Phom Nam Mön, baguette composée de l'herbe qui a servi de siège au Bouddha lors de sa méditation. C'était spectaculaire. Puis on décrochait les fils blancs de la structure mère et ils devenaient des bracelets de protection que chacun s'attachait autour du poignet. Comme celui que Mana m'avait noué autour du poignet lors de mon départ l'année passée. John m'expliqua que ceux qui ne connaissaient pas leur jour de naissance devaient porter du blanc. Beaucoup de villageois sont nés au village et ne se sont pas déclarés aux autorités. Certains n'ont pas connaissance de leur date de naissance, sans papiers d'identité aucun moyen de retenir la date précise.

Dans la continuité de mon développement personnel, trois ans après cette

La première pierre

expérience, en aout 2020, après une méditation sur l'arbre de vie[8], je comprends enfin le sens de cette prière et l'importance de ces fils blancs qui nous reliaient tous les uns aux autres. J'ai compris que nous faisions partie d'un tout, d'un tout qui ne fait qu'un, que nos racines se rejoignent pour s'entremêler sous la terre et nos branches, dans le ciel. Que pour s'ancrer dans le présent, avec la terre mère, on a d'abord besoin de se relier aux autres, à ceux avec qui on la partage, pour ensemble se relier à la Terre Mère.

De retour dans ma cabane, après avoir marché trente minutes interminables en ascension dans la nuit noire, sans force, je suis incapable de quoi que ce soit. J'ai l'impression que ma peau cuit. L'air est trop dense pour emplir mes poumons. Je le sens comme un liquide épais qui a du mal à s'infiltrer dans mes voies respiratoires. Dans ma cabane, entre rêve et réalité, submergée par la fièvre je me mets à délirer, j'ai bien peur que ce ne soit la fin. Je me revois me dire que si je ne résiste pas j'aurais au moins eu la chance de voir la magie opérer avant de partir. L'environnement ici me rappelle chaque jour un peu plus que la vie ne tient qu'à un fil et à quel point chaque seconde est précieuse. Le pire est vite arrivé, une mauvaise chute, une blessure mal soignée, une maladie mal diagnostiquée, l'absence de docteurs, le manque de soins et de médicaments. Je me rends malade parce que je me surmène. Je n'évacue pas assez, je ne dis pas ce que je ressens. Ma gorge en est irritée et je ne peux presque plus parler tant la douleur est intense. Je me sens seule et démunie mais je n'ai pas pour autant envie de rentrer, parce que je suis au plus près de moi-même, même si c'est dans la douleur. Je pense à ceux que j'aime et je prends conscience de cet amour inconditionnel que je porte aux miens.
Ma dernière dent de sagesse se montre. Il fallait que ça arrive maintenant. Je broie du noir. Mais chaque matin et chaque soir, quand le ciel est dégagé, la beauté de l'aube ou du crépuscule face à cette immensité me fait tout oublier.

Chapitre 23

Je me remets doucement. Nous avons rendu visite à l'oncle de John, dans la plus grande et la plus moderne maison du village. Moderne ici, basique chez nous. J'ai tiré ma première chasse d'eau depuis un mois. J'avais presque oublié ce que c'était que de simplement appuyer sur un bouton pour évacuer l'eau de la cuvette. Quelle forte impression ça m'a fait. La rapidité et la simplicité du geste. C'était comme en voir une pour la première fois. Chez John on utilise un petit récipient d'eau qu'on verse à la main dans un trou en béton. Je prends davantage conscience de la valeur de l'eau et de la facilité avec laquelle on la gaspille dans les villes. En voyage, loin de ce qu'on connait, on devient plus curieux, on prend le temps d'observer les autres et de s'observer soi-même avec du recul. Et si l'autre ne parle pas notre langue, il nous intéresse d'avantage car il attise notre curiosité, nous intrigue. On veut savoir, on veut comprendre. On tente de déchiffrer leurs mimiques, leurs gestuelles, les expressions sur leurs visages, leurs regards, leurs tons, on se fait des scénarios, on développe une imagination et une intuition sans limites. On est ouvert comme une porte sur la rue, prêt à

---

[8] Stage d'art thérapie avec la méthode Hauschka dirigé par Aline Chauvet aux Ateliers de la Fontaine de Josette Vergne

accueillir l'inconnu qui passe.

La première pierre

Mana sort de la cuisine. Le petit déjeuner est prêt. John est chez les voisins, Lia est parti travailler au champ et les enfants dorment encore. On déjeune toutes les deux en silence. Par moments on se sourit. Omelettes à la ciboulette et à l'ail, riz gluant, aubergines grillées, petites gousses d'ails crues, tomates cuites et piment. Je crois que John a fini par comprendre que j'avais besoin d'air. Je ne supporte plus ses regards insistants de séducteur de comptoir, ses démonstrations d'adolescents et ses blagues machistes. Depuis que j'ai alerté par téléphone son amie suisse qui l'aide à gérer la guesthouse, il a pris ses distances. Je retrouve mon espace et ça me fait du bien. Je débarrasse la table et je passe le balai, je mets les assiettes dans la bassine et je vais faire la vaisselle à l'extérieur. Là où la routine s'installe on se sent chez soi. Savonner, frotter, gratter, me permet de faire le vide, de créer plus d'espace mental et de faire de l'ordre dans mes pensées, de nettoyer mon esprit.

Par la complexité de notre relation John m'a appris l'ambivalence des choses, rien n'est tout noir ou tout blanc, amour ou indifférence. Il y a parfois des gris qui se fabriquent, différentes tonalités qui se modèlent et qui adoucissent nos vies. Il faut apprendre à nuancer sa réalité. Nous sommes passé par plusieurs phases, ponctuées par beaucoup de complicité et d'ambiguïté, puis d'autres plus difficiles, entre tensions et silences pesants, mais ce qui compte aujourd'hui c'est qu'on ait réussi à dépasser tout ça pour construire une relation plus solide, où la confiance et l'affection ont leur place. J'aime John, malgré tous nos différents, comme quelqu'un qui a changé ma vie pour toujours. Je me suis fait graver sur la peau le même tatouage que lui, avec le nom de son village en thaï. Indélébile. Marquée à vie par les tonalités de gris.

Fainéanter dans un monde neuf
est la plus absorbante des occupations.[9]

J'attrape mon calepin et mon appareil photo et je pars à pied sur le chemin qui mène au village. Je profite de l'absence de John pour découvrir le village à ma manière. C'est agréable de se balader à pied, d'habitude je dépends de lui, je monte à l'arrière du scooteur et il m'emmène. Ce matin, je me présente au village, ce n'est plus John qui fait le lien. Je m'arrête pour profiter des paysages. Je salue les villageois que je reconnais et je réponds par des sourires chaleureux aux inconnus. L'épicerie à laquelle je vais acheter mes cigarettes habituellement et où on se désaltère le soir est fermée. Je me rends à l'autre épicerie, de l'autre côté de la place, du côté où les femmes se réunissent. Mais la femme qui tient la boutique ne vend pas de cigarettes et elle m'indique une boutique plus bas dans le village. On dirait que le village dort encore mais je crois qu'il a plutôt été déserté pour les champs de manioc. Les cigarettes en poche je remonte jusqu'à la place. Je m'installe à l'ombre pour griffonner, allonger mes pensées, faire de la place pour les jours suivants. La vendeuse de la boutique que je viens de rencontrer est en train de couper de la papaye fraiche pour le petit déjeuner de ses enfants installés dans l'arrière-boutique. Elle m'en offre une assiette. C'est

---

[9] Bouvier Nicolas, *L'usage du monde*, 1963

La première pierre

somptueux. Je me sens chanceuse ce matin. Un bruit de moteur vient briser le silence. Deux hommes d'une cinquantaine d'années entrent sur la petite place en scooter et s'arrêtent devant la boutique où je suis installée. L'un d'eux à l'air mal en point, il est gris et gauche, l'autre marmonne avec insistance à la vendeuse, W*hisky, whisky !* en montrant son ami du doigt. J'aurais pu me sentir en danger face à ces deux types ivres à huit heures du matin, me dire qu'ils allaient se sentir obligé de se faire remarquer, montrer leur virilité, leur pouvoir, comme ça arrive souvent, comme si l'avis des hommes nous importait forcément, qu'on avait besoin de leur validation en général, pour nous sentir bien dans nos baskets et à notre place. Mais non, je me sentais invisible. J'observais la scène, j'étais assise à moins de trois mètres d'eux et c'est comme s'ils ne me voyaient pas. Pas un seul regard en ma direction. Je découvre une nouvelle féminité. Ici, je ne m'apprête pas, je n'en ressens pas l'envie. Je ne me suis jamais si peu souciée de mon apparence je crois et qu'est-ce que c'est reposant, c'est même libérateur. C'est aussi qu'en fin de journée je finis souvent avec des tâches de terre ou les traces des mains de Mido qui traine toujours dans mes bras. Je porte des vieux vêtements, larges et peu suggestifs. Je ne me maquille pas non plus. Au-delà de la libération que c'est de ne pas concentrer son attention et son énergie sur son physique, c'est aussi en grande partie pour ne pas attirer l'attention, ne pas sexualiser mon corps, l'invisibiliser pour avoir la liberté d'aller n'importe où sans attirer les regards des hommes. Car étant une femme seule en voyage l'invisibilité est mon bouclier. C'est triste, c'est énervant, c'est réducteur et injuste. Je fais ça pour m'éviter des ennuis entre autres, ici ou ailleurs, en tant que femme on ne se sent jamais vraiment à l'abris. Ma peau est luisante à cause de la chaleur, mes cheveux sont secs à cause du soleil qui les brûle, la terre s'accumule sous mes ongles, mes pieds sont orange à cause de la terre et je me sens protégée comme ça. Mais malgré tous mes efforts pour me fondre dans la masse, pour me faire oublier, on me regarde quand même. Beaucoup. Je repense alors à ce que qu'un ami m'avait dit, *Tu pars en Asie ? Ne te fais aucun souci, là-bas les hommes ne regardent pas les femmes blanches.* Cette information m'avait interloquée mais je l'avais considérée quand même car elle m'avait rassurée et libérée de cette appréhension du regard des hommes qui m'avait traversée l'esprit avant de partir. On me dit que je suis *beautiful*, on me complimente sans arrêt. Il faut dire que chez moi je suis assez banale, blanche, blonde décolorée et cheveux bouclés. Ici je suis *beautiful* car je suis singulière, c'est ça la différence. Ça me réconcilie avec mes défauts, mes particularités, j'apprends à voir ce qui me rend unique et à m'aimer comme je suis et sans artifice, j'apprends à voir mon essence, à voir ce que les autres voient quand je me mets à nu et ça me fait du bien. La diversité est une richesse, c'est pourquoi ici je me sens si riche. Pas d'une richesse palpable que l'on peut tenir dans sa main et compter, mais d'une richesse bien plus vaste, innombrable et sans mesure, je me sens riche dans le cœur.

Chapitre 24

Les moines sont partis et la vie au village a repris son cours.
Compassion. Avoir de l'empathie pour les gens qui souffrent. A force de méditations, elle nous aide à pardonner à ceux qui nous ont blessé. Je me suis installée au calme dans ma cabane cet après-midi pour méditer. J'avais besoin de

La première pierre

me regrouper, surtout après la fièvre fulgurante dont j'ai été victime ces derniers jours, je me sentais un peu éparpillée. Je crois malgré tout que les choses sont exactement comme elles doivent-être. Pendant mes méditations, je me retrouve souvent à Altea, ce lieu qui renferme une bonne partie de mon enfance. Mes grands-parents maternels ont vendu la maison l'an dernier et nous ont donné à tous une petite part de la vente. Cet argent m'a aidé à financer mon premier voyage. Ça a été difficile d'accepter cette somme qui verrouillait ce chapitre de l'insouciance mais il m'a fallu refermer ces pages pour écrire les suivantes. Ce moment avec moi-même m'aide à évacuer les émotions que j'avais enfoui jusque-là. Comme un écureuil, qui creuse un trou pour y cacher ses provisions, mais qui oublie où il les a cachés, ce qui favorise cependant la dissémination des graines. Je laisse dans un recoin les choses douloureuses à plus tard, pendant ce temps-là elles font leur travail en interne et puis un jour je les retrouve, pour le meilleur ou pour le pire. Ça m'a semblé plus facile tout à coup de laisser le passé filer. Je me sentais lavée, vidée, purifiée de mes regrets, de mes rancœurs, je refermais certaines blessures. Plutôt comme le serpent cette fois, qui ne grandit pas avec l'ensemble de sa peau, je quittais ma peau d'adolescente, pour revêtir celle de la jeune femme. C'est un long processus dans la vie du serpent, d'abord il cesse de se nourrir, c'est une période qui le rend vulnérable et aveugle et c'est à ce moment-là que la mue commence. Je pense à ma fièvre. Ensuite il se frotte contre des surfaces rugueuses afin de décoller cette peau qui devient trop étroite, asphyxiante. Je pense à mon besoin de solitude. La vieille peau terne et sèche se détache et laisse apparaître une nouvelle peau plus lumineuse, la jeune femme que je suis en train d'accueillir.

Tolérance. Je l'apprends chaque jour un peu plus. Les moines bouddhistes considèrent que la femme ne peut pas atteindre le Nirvana dans son corps impur. *Il faut se méfier des femmes* recommande Bouddha. *Pour une qui est sage, il en est plus de mille qui sont folles et méchantes. La femme est plus secrète que le chemin où, dans l'eau, passe le poisson. Elle est féroce comme le brigand et rusée comme lui. Il est rare qu'elle dise la vérité : pour elle, la vérité est pareille au mensonge, le mensonge pareil à la vérité. Souvent j'ai conseillé aux disciples d'éviter les femmes.* Ce comportement me semble si paradoxal et effrayant, mais j'apprends grâce à Doon qu'il ne faut pas essayer de tout comprendre, de tout expliquer, parfois il faut simplement prendre les choses comme elles sont.

Je rends visite à Doon dans l'après-midi. On discute en buvant le café près du feu quand un vieil homme arrive en scooter accompagné d'une petite fille. Les deux hommes discutent pendant que la fillette explore les alentours, puis Doon l'interpelle et lui demande de le rejoindre. Il lui donne un sachet de bonbons et lui parle quelques minutes. Il a l'air heureux. La petite fille est timide et elle se cache dans les jambes du vieillard. Ils remontent sur le scooter et quittent le temple. C'est la fille de la jeune femme que j'avais rencontré sur la place du village, élevée par ses grands-parents et dont le père a quitté le village.

Chapitre 25

Dernière semaine au village. À mon réveil je m'aperçois que mes affaires sont trempées, elles ont pris la pluie pendant la nuit. John aurait dû changer le toit en

La première pierre

chaume avant la fin de la saison. On me fait déménager dans la maison familiale, en attendant. C'est une nouvelle étape dans notre relation. Je vais dormir en famille. Je me dis que finalement les choses sont bien faites. Chaque soir, j'ai rendez-vous avec mon voisin de chambre le gecko. Il vit au plafond, juste au-dessus de mon lit. J'ai l'impression qu'il me scrute du haut de son perchoir et que lorsque je sombre enfin dans le sommeil il décide de jouer, *Tokay! Tokay! Tokayyyyy... !* C'est un mâle, les femelles n'émettent pas ce son. En Thaïlande, le gecko ou « Tokay » est considéré comme sacré et il porte bonheur. Sa présence dans une maison est bon signe. On dit que lorsqu'il émet son cri sept fois de suite c'est signe de chance. Chaque soir je compte donc les chants de mon nouveau coloc. Parfois il laisse passer de longues secondes avant d'émettre un dernier cri et j'attends interminablement le septième, dans l'espoir d'un bon présage. Cette croyance nous fait presque apprécier le cri du gecko qui semblerait pourtant prévenir d'un danger plutôt que d'une bonne nouvelle, car le son qu'il émet est assez alarmant.

Voyager c'est partir ailleurs. Plus qu'un voyage purement physique, un déplacement dans l'espace qui vous harasse, vous éreinte, vous lime, un voyage est intérieur, spirituel, de ceux qui finissent par vous forger mais qui doivent d'abord détruire toutes les structures établies en vous afin de reconstruire votre jardin intérieur sur de nouvelles bases plus solides. Il faut du temps. C'est cela que le voyage vous apporte, une spiritualité plus aguerrie, un œil plus aiguisé et un cœur plus pur, prêt à accueillir toute la poésie des petites choses, de la beauté du monde qui nous entoure. Cela vous demande du travail, de l'acharnement, de la patience et une endurance à la douleur mais le résultat justifie le sacrifice consenti.
Si seulement il existait un manuel du devenir adulte, nous donnant des solutions simples en réponse à nos questions compliquées. On dit souvent aux enfants qu'il leur faut profiter de la naïveté et de l'ignorance de l'enfance car les problèmes arrivent bien assez tôt, mais j'ai toujours cru qu'on parlait de choses qui se règlent avec logique, qui sont en notre pouvoir. En revanche, je n'avais pas soupçonné une seconde tous les questionnements internes et le travail sur soi que cela impliquait tout au long de la vie. J'étais bien loin d'imaginer la complexité de l'être humain. Ce qui est trop facile est vite oublié. Et je ne fais pas tout ça pour oublier, non, je suis là pour archiver mais aussi pour me maintenir debout, me maintenir ancrée. Ce sont donc paradoxalement, toutes ces complexités fascinantes de l'existence qui me font aimer la vie, vastes questionnements et petites réponses. Le doute constant, en permanence. Douter de tout, tout le temps, car les doutes me prouvent que je suis en vie et que j'avance, que je change un peu à chaque pas que je fais.

Chapitre 26

10 avril 2017,
C'est l'anniversaire de mon père aujourd'hui.

Il pleut toujours. J'écoute le temps qui passe. Il n'y a plus de courant depuis avant-hier, à la nuit tombée on s'éclaire à la bougie. On ne peut plus utiliser nos appareils électroniques pour le moment. Ce type d'incident fait partie intégrante

La première pierre

du quotidien d'un akha lorsque la moisson se présente. J'en profite pour méditer. Je m'échappe. Les bruits de la maison de mes parents à Paris me reviennent. La chaise qui grince sur le parquet quand on la déplace, la poubelle qui s'ouvre par pression et fait *clic* gravement, l'horloge de l'escalier et son *tictac* permanent qui rythme nos vies sans qu'on s'en aperçoive, les portes qui claquent à cause des courants d'air parce que mon père laisse toujours les portes et les fenêtres ouvertes, les pas qui résonnent dans l'escalier en bois grinçant, le chat qui nous rappelle sa présence. Tous ces sons qui rejaillissent et qui me ramènent à ma vie là-bas. Nostalgie ou mémoire qui travaille indépendamment de moi, elle survient c'est tout. Je resterais dans la maison familiale jusqu'à ce que la pluie cesse. Aussi étrange que cela puisse paraître je dors mieux, même avec le gecko et le bébé qui doit être allaiter en pleine nuit. Peut-être parce que je me sens protégée et comme faisant partie de quelque chose, d'un groupe, je ne suis plus à l'écart dans ma cabane, je suis acceptée dans le cocon familial. C'est bon d'avoir sa place sans avoir à se battre.

Je suis au temple. Le vieillard et la petite fille viennent à nouveau rendre visite à Doon. Je commence à me poser des questions. On s'installe dans le temple où Doon a installé son vidéoprojecteur pour regarder mes rushs sur grand écran. Recréer une ambiance de salle de cinéma dans un temple au milieu de nulle part ne fera plus parti des choses à accomplir dans cette vie. Je me lève pour fumer une cigarette dehors pendant qu'un autre moine prépare la salle et Doon m'invite à fumer à l'intérieur. John me fait signe de sortir discrètement mais Doon insiste, c'est son temple, il aura le dernier mot. Je lui montre quelques plans du village et des prières, puis ceux d'une cérémonie des villageois où on tue le cochon et il s'offusque immédiatement en mettant pause sur le film. Il est catégorique, *No, no no*. Je montre le reste des images. Des moines sur leurs portables, tatoués, qui tatouent, qui fument. Je reçois un second refus catégorique, *No, no, no*. Il n'est pas dans une recherche de vérité comme je le suis. J'accepte son refus presque comme une promesse, sans penser aux difficultés que ça me posera plus tard concernant ma morale. Avais-je vraiment le choix ? Aurais-je pu le lui refuser ?

Nous fumons des cigarettes avec John à l'extérieur de la maison. J'en profite pour lui demander s'il connait la jeune femme que j'ai rencontré l'autre jour sur la place. *Yes*. Je lui demande s'il connait le père de l'enfant. *Yes*. Je lui demande si c'est un moine. Il éclate de rire. Je crois que c'est clair. Doon est le père de cette enfant. Je suis sous le choc. Je ne sais plus quoi penser. D'abord je suis dégoutée, j'ai envie d'aller le voir et de lui dire ce qu'il m'inspire, de lui dire toute ma déception. Je pense à toutes nos discussions, à sa bienveillance, à nos moments au temple et je me sens trahie. Je me demande si l'acte sexuel était consenti, si c'était une histoire d'amour, s'il l'a manipulé, je me pose mille questions auxquelles je n'aurais jamais aucune réponse. J'enfouis cette histoire pour ne pas entacher notre relation mais cette information non confirmée vient tout chambouler, notre rencontre, notre complicité, la place que je lui donnais, son rôle dans mon évolution, tout. Je rembobine tous nos moments partagés et j'en ai des frissons. *Je suis tellement déçue de m'apercevoir que rien sur cette terre ne peut finalement déjouer la nature profonde de l'Homme.*
Je respire et je m'aperçois de la force de mon juge intérieur, de ce que je juge

La première pierre

bon ou mauvais. Je n'ai aucune idée de ce qui a bien pu se passer. J'idéalisais Doon et Doon est un être humain comme les autres. Voilà ce qu'il s'est passé.

Chapitre 27

Maktub de Paolo Coelho. Pourquoi ai-je acheté ce livre à l'aéroport et pas un autre ? Comment aurais-je pu savoir qu'il m'aiderait dans les moments les plus difficiles que j'ai eu à vivre ici. Paulo Coelho est toujours tombé à pic dans chacun de mes voyages et chaque roman que j'ai eu à lire n'aurait pu être mieux choisi, à l'intuition. Le premier fut pendant mon premier voyage, j'étais tombée sur L'alchimiste à l'aéroport de Jakarta. Ça avait été comme un guide pendant mon voyage au Vietnam, un soutien moral sur les questionnements du voyageur solitaire. Celui-ci, Maktub, est très déroutant pour quelqu'un comme moi ayant reçu une éducation athée, car la foi en dieu y tient une grande place alors qu'elle n'a jamais tenue aucune place dans ma vie. Ou peut être seulement jusqu'à mes huit ans, jusqu'à ce que je décide d'arrêter d'imiter les enfants que je voyais dans les séries américaines et que je donnais mes intentions au pied de mon lit avant de me coucher. Dans ce livre, chacune des anecdotes qui y est racontée me convainc d'avantage qu'une puissance extérieure et invisible existe, mais comment être sûre qu'il s'agisse de *Dieu* ? L'animisme encore très présent ici rapporte tout aux esprits de la nature et aux forces invisibles et je dois dire que le contexte m'influence à croire que quelque chose d'autre que ce que mes yeux me donnent à voir m'entoure et m'accompagne. Je me suis mise à prier, ou plutôt à méditer davantage et avec plus de puissance, le soir dans mon lit en fermant les yeux, à donner de l'importance à cette chose que je ne comprends pas, dont je ne saisis pas le fonctionnement ni le sens, à poser mes intentions, à me parler davantage. Et puis après quelques jours, sans savoir pourquoi je n'en ai plus ressenti ni le besoin ni l'envie et je crois que ma relation avec *Dieu* s'est arrêtée là.

Chaque fois qu'un membre de la famille quitte le village on tue un poulet en sacrifice, c'est un rituel porte-bonheur. Mana l'a choisi et tué pour moi et John le trempe dans un saut d'eau bouillante pour le déplumer. On me fait assoir dans la salle à manger. Dehors John fait griller le poisson qu'on a acheté dans la matinée. Mana m'apporte une assiette avec une cuisse baignant dans un jus épais et gras mais aussi le cœur. Quelques secondes d'étonnement puis je déglutis, j'ouvre la bouche et mord dedans les yeux à demi fermés. Elle me fait boire un verre de whisky cul sec et un sourire apparaît sur son visage satisfait. Le rituel est clôturé. Chacun des membres de la famille se met en file indienne pour me nouer une ficelle blanche autour du poignet, d'abord Mana puis les enfants et enfin John et Lia. C'est pour me protéger pendant mon voyage. J'ai la gorge serrée. Mana fait une prière. Ses yeux brillent, les miens aussi et je reste muette. Je sourie pour tenter de cacher l'émotion qui me submerge. Mana mime quelque chose, je crois qu'elle mentionne mon départ et elle mime des larmes. John me traduira ensuite, elle dit qu'elle est triste et qu'il faut que je revienne vite voir ma mère. Je pleure en secret. Je n'ai pas le courage de lui montrer ce qu'il se passe en moi, j'aurais trop peur que le barrage s'effondre et que tout le monde se noie.

Le lendemain matin avant de prendre la route, Mana me fait manger un œuf dur,

La première pierre

accompagné d'une de ses prières. C'est aussi un rituel de protection. Je lui offre les petites créoles en plaqué or que je lui avais acheté en ville et mes quelques chemises à motifs qui lui plaisaient tant. Comme ça elle ne pourra pas m'oublier. Je la prends dans mes bras et m'en vais rapidement pour ne pas me montrer vulnérable. Je regrette immédiatement. Je reviens pour la serrer fort dans mes bras, tant pis pour la constance, on se sert fort et on laisse couler nos larmes, tant pis pour le barrage, on le reconstruira. Ou on apprendra à faire sans. Je monte dans la voiture et elle me regarde partir. Ni elle ni moi ne savons si nous allons nous revoir un jour.

Contrairement au premier retour où je fuyais le brouhaha des grandes villes, cette fois-ci elles me manquaient. J'ai besoin de m'y confronter à nouveau, me heurter au monde, à son agitation, confirmer que cette expérience à changer quelque chose en moi comme je l'imagine. Comme quand on revient de vacances, la peau dorée et qu'on a hâte d'enfiler ses habits de ville pour voir le résultat que ça donne sur notre peau qui se souvient encore des vacances. Est-ce une impression ou des ailes me sont poussées dans le dos ? Plus qu'une émancipation le voyage était une façon d'exister, de prendre la vie à bras-le-corps et une chose est sûre, je ne serais plus jamais la même. Comme l'a si bien dit Héraclite : *On ne se baigne jamais deux fois dans le même fleuve.*

Chapitre 28

Paris, avril 2017

J'ai reçu un message de Doon ce matin. John part en Corée où on lui propose du travail pendant deux ans. Quant à lui, il pense quitter le temple l'an prochain, il pense à l'Ecosse. Il a besoin de temps pour lui. *Le monde bouge.* Les choses ne sont pas ce qu'elles semblent être. J'ai compris que finalement on est chez soi là où on le décide, car ce qu'on appelle *Home* en anglais est à l'intérieur de nous.

Votre temps est limité, alors ne le perdez pas à vivre la vie d'un autre.
Ne vous laissez pas piéger par les dogmes,
ce qui consiste à vivre suivant ce que pensent les autres.
Ne laissez pas le bruit des opinions des autres étouffer votre propre voix intérieure.
Et plus important encore, ayez le courage de suivre votre cœur et votre intuition.
Ils savent déjà ce que vous désirez véritablement devenir. Tout le reste est secondaire.[10]

---

[10] Steve jobs, 12 juin 2005

La première pierre
Épilogue

J'aime ma famille de tout mon cœur. Tous les passages les concernant n'ont pas chercher à pointer du doigt ou à heurter qui que ce soit, seulement à retracer mon cheminement et la libération de mes fantômes passés. Je tiens donc à m'excuser si mes propos ont pu offenser.

Voyager c'est partir sur un terrain étranger pour s'abandonner à l'autre, à celui qui gouverne. Sinon on appelle ça faire la guerre.
Je n'ai pas pu m'empêcher de me sentir intrusive. Le fait est qu'être à longueur de temps cachée derrière mon appareil photo a créé une distance entre nous et m'a éloigné d'avantage d'eux, qui sont devenus les acteurs d'un film qu'ils ne verront sans doute jamais. Si j'ai eu des difficultés à aller au bout du film initialement prévu, à pousser les interviews, à entrer davantage dans leur intimité, à briser des tabous, c'est parce que je ne voulais pas m'immiscer davantage dans leur vie. Je prenais déjà suffisamment de place comme ça, être plus intrusive aurait peut-être gâché quelque chose, briser leur confiance. Peut-être qu'avec plus de temps les choses se serait faites sans vraiment le vouloir, ou peut-être était-ce tout bêtement ma méthode qui était trop maladroite. Lorsque je les observais longuement je finissais par me perdre dans ce rôle d'observateur que je m'attribuais. Alors que je tentais seulement une technique d'effacement, de discrétion, pour me faire oublier d'eux et leur donner la possibilité de reprendre le cours de leur vie. Je devenais finalement l'intruse, l'autre, l'étrangère qui observe mais pas seulement, qui immortalise aussi et qui les enferme dans une boîte. C'est comme ça que j'ai compris que malgré avoir été très vite acceptée au sein de la communauté, je n'étais pas des leurs. J'étais une intruse dans le quotidien des akhas. On partageait beaucoup et on ne cessait d'échanger des connaissances, mais je n'oubliais pas que j'étais là en observation, car c'était quand même ça le but premier, les regarder vivre. Comprendre leur culture par l'immersion, l'analyse. Par moment je me voyais les regarder, les analyser et je ne pouvais m'empêcher de me sentir comme une voyeuse, une espionne ou une moucharde, qui rapporterait tout ce qu'elle avait vu sans scrupules, qui dévoilerait ensuite tous les secrets de leur communauté qui vit pourtant à l'abri des regards pour se protéger. Je raconterais tout à des inconnus de l'autre côté de la terre, dans un pays où on ne comprendrait pas leurs fonctionnements propres à leur culture, à leurs traditions. Je me suis demandé alors de quel œil ils voyaient leurs invités. Se sentaient-ils mis à nu ? Traqués ? Envahit ? Je crois qu'aujourd'hui ils ont compris que s'ils voulaient faire exister leur histoire et leur culture au-delà du temps il fallait accepter certaines conditions, dont celle de se laisser voir, scruter. Parfois je me demande si c'est correct. Mais tout s'est fait si naturellement entre nous - sans doute parce que j'étais seule - que je me laisse la possibilité de croire qu'il n'y avait rien d'incorrect dans cette expérience humaine.

La première pierre

Bibliographie

Art thérapie, stage d'aquarelle sur papier mouillé dirigé par Aline Chauvet aux Ateliers de la Fontaine de Josette Vergne
Bouvier Nicolas, L'usage du monde, 1963
Chollet Mona, *Chez soi. Une odyssée de l'espace domestique*, Paris, Zones, 2015
Jobs Steven, discours du 12 juin 2005.
Littell Jonathan *Les Bienveillantes*, 2006
Rhabi Pierre, Extrait d'une interview pour https://enquetedesens-lefilm.com/
Saint-Exupéry, *Citadelle,* 1948
Saint-Exupéry, Le petit prince, 1943Werber Bernard, *Le livre du voyage, 1997*
Werber Bernard, *Le livre du voyage, 1997*

© 2022, Alba Del Sol
Édition : BoD – Books on Demand, info@bod.fr
Impression : BoD – Books on Demand,
In de Tarpen 42, Norderstedt (Allemagne)
Impression à la demande
ISBN : 978-2-3224-2425-2
Dépôt légal : Juillet 2022